JN213169

やりたいことができる私になる

自信貯金

有川真由美

PHP研究所

はじめに

自信とは、〝貯金〟のようなもの。お金を貯《た》めるのと同じで、自信も少しずつ貯金していけるのです。

もしかするとあなたは「いまの自分には自信なんてない」と感じているかもしれませんね。でも、**意外なことに自信の貯金はすぐに貯まります。**

毎日の生活のなかで、小さなことから「やろうと思っていることをやる」という貯金を積み立てる。そのうち、大きな挑戦に対しても「なんとなくできそう」という〝根拠のない自信〟がわいてきます。

すると、どんどん自信がわいて積極的になれる……というプラスのサイクルが生まれます。

「え？　根拠のない自信？　それでもいいの？」と思われるかもしれません。

じつは、〝根拠のない自信〟ほど、強いものはありません。

ひとつのことにかぎらず、どんなことであっても、どんな状況になっても、自分の力を信じることができるのですから。

根拠のない自信をもつと、さまざまな場面でこんな〝トクなこと〟があります。

- 「とりあえず、やってみよう」と、さまざまなことに積極的になれる
- 他人の評価がどうであろうと、自分を好きでいることができる
- ありのままの自分で堂々と人と接することができる
- ミスや失敗があっても、早めに平常心に戻ることができる
- 未来の不安、過去の後悔がなくなり、いまに専念できる
- 〝オリジナリティ〟を磨くことや成長を楽しめる
- 日々、喜びや感謝を実感して、笑顔が増える

結局のところ、人生がうまくいくかどうか、人生に満足できるかどうかも、「自分を信じられるかどうか」で決まるのではないでしょうか。

あなたはこんなことを、ふと考えたりすることはありませんでしたか？

「才能がある人や、見た目がいい人は、自信があっていいなぁ」
「仕事や恋愛などが充実している人は、自信にあふれて見える」
「まわりからほめられる人になれば、きっと自信がつくんだろうな」
そして、自信をつけるために、「結果を出そう」「できる人になろう」と、日々、がんばっているのではないでしょうか。

じつは、かつての私も、自信をつけるためには人一倍努力をすることが大事だと考えていました。

しかし、人に負けないようにとがんばっても、上には上がいることを知り、どんどん自信がなくなっていく。まわりに認められたい、できる人になりたいとがんばっても、気持ちばかりが空回りして現実はうまくいかず、〝理想の自分〟からどんどん遠ざかっていったのです。

そればかりか、ミスをしたとき、結果が出なかったとき、上司から叱られたとき、まわりから否定されたときなど、それまで少しずつ積み上げてきた自信も一気に崩れ落ち、立ち直れないほどのダメージを受けることもありました。

いいことがあったら自信がついて、悪いことがあったら一気に自信がなくなる……をくり返して、やっと気づいたのです。

これまでの自信のつけ方は間違っていた、「自信」というものについて大きな誤解をしていたのだと。

「本当の自信がある人」とは、特別なものをもっていたり、大きな成功体験をしていたり、みんなから称賛されたりしている人ではありません。

本当の〝自信〟とは、失敗する自分、かっこ悪い自分、認めてもらえない自分、過去に仲間はずれになった自分でも、根拠なく信じる。だれがなんといおうと、「私は私でいいのだ」と自分の価値を認めて、私はなんとか生きていける、私にもできることがある、幸せになることもできると、〝明るい希望〟をもつことなのです。

「ぜったいにうまくいく」と思うことが、自信ではありません

仕事や人間関係、恋愛、学びなどにおいて、「私はぜったいにうまくいく」と思えることが、自信だと思っていませんか。

そして、そう思えないから、多くの人はやりたいことがあっても、一歩を踏み出せないのではないでしょうか。

しかし、ほとんどの場合、やってみないとわからないことばかり。うまくいかせようと思っても、現実的にはコントロールできないことが多々あります。

100％の自信はないけれど、目的に向かって、やれるだけのことをやってみる。うまくいかなくて何度も挑戦したり、何度も修正を加えたり……と、動いているうちに「自信貯金」が貯まり、だんだん「なんとかなる！」という自信になっていくのです。

頭で考えるだけで動かないままでは、どれだけ「ぜったいにうまくいく」と思い込もうとしても、「自信貯金」は貯まらず、心の奥から信じることはできません。

つまり、自信があるから動くのではなく、動いているから自信がわいてくるのです。

これまで「自信がない」と感じてきた人も、少しでも動くことで貯まる「自信貯金」の仕組みがわかることで、気軽にやりたいことができるようになるはずです。

自分を信じられれば、ありのままの自分で伸び伸びと生きていくことができます。

じつは「自信貯金」は、あなたの夢や目標を実現するため、幸せであるために、お金の貯金よりもずっと価値のある資産なのです。

それでは、まず第1章から、「自信貯金」とはどんなものか。貯金を増やすためにはどうしたらいいか。そんなことからお伝えしていきましょう。

やりたいことができる私になる自信貯金

contents

第1章 だれでも今日からすぐに貯められる「自信貯金」

第2章

自信のある人は、意外な方法で「自信貯金」を貯めている

第3章

ゼロをつくらないメンタル

気づいたら「あきらめてしまわない自分」になっている

第4章

「今日はひと言話すだけ」でいい

こうすれば、人間関係の「自信貯金」は増えていく

第5章

自信は「つけるもの」ではなく「育っていくもの」

人生をすばらしいものにするために、自分を信じてみよう

装丁：小口翔平＋神田つぐみ（tobufune）
装画：ふうき

第1章

だれでも今日から
すぐに貯められる
「自信貯金」

1

「やればできる」が習慣になる

「自信貯金」は、すぐに貯まる

私たちはよく「自信がない」「できると思えない」などと言いますが、「すべてのことに自信がない」という人はいないものです。

健康にさほど問題がない人であれば、「歩いて洗面所に行く自信がない」「歯を磨く自信がない」「息を吸って吐く自信がない」とは思わないでしょう。

だれでも「自信はある」のです。いえ、「自信がある」なんて意識をせずとも、習慣になっていることは毎日あたりまえのようにやっています。

私たちがいま自信をもってやっていることは、深く考えずに、ただシンプルにやってきたことばかり。反対に、やってこなかったことに対しては、自信はわいてきません。

もし、あなたが人前で話すことをためらってしまうなら、それは経験が少ないから。くり返し、人前で話す機会があると、確実にできるようになってきます。

たとえば料理を作ること、30分で出かける準備をすること、車を運転すること、エクセルで表を作ること、英語で挨拶することなど、**「やればできる」という経験を重ねていけば、〝貯金〟はチャリンチャリンと貯まって、どんどん自信がわいてきます。**

つまり、自信がなくても、「とりあえず、やってみよう」と行動すれば、貯金が貯まっていくようにどんどん自信がついてきて、不安やストレスもなくなっていくのです。

「性相《せいあい》近きなり、習い相《あい》遠きなり」という孔子の言葉（『論語』）があります。

人間の生まれつきの性質には大差はないが、毎日、くり返される習慣や受けた教育によって違いが大きくなる、ということです。

なにかに長《た》けているということは、単純にそれだけ「くり返した」ということであり、苦手なことは「くり返していない」ことなのです。

〝前に進むこと（動くこと）〟〝くり返すこと〟で、「自信貯金」は貯まります。お金の貯金と同じで、貯まれば貯まるほど、できることは増えていきます。

ただし、違うのは、「自信貯金」を使っても、お金の貯金のように目減りしないということ。自分のなかに貯《たくわ》えた自信は、使えば使うほどさらに貯まって、けっしてなくなるということはありません。

【「自信貯金」の7つの特徴】

1　あなたが「動く」だけで貯金は貯まる
2　やりたいことを「やる」は貯金、「やらない」は借金
3　借金がたまっても、あっという間に返済できる
4　マイナスから立ち直ると、貯金は大幅アップ
5　一時的に自信をなくしても、貯金はゼロにならない
6　ちょっと難しそうなことに挑戦すると臨時ボーナス
7　貯まった「自信貯金」は、なんにでも使える

いかがでしょう？　お金よりも魅力的な貯金だと思いませんか？

自分を信じることで「やりたいこと」をつぎつぎに実現すれば、毎日がワクワクと楽しいものになるはずです。「小さな行動を積み重ねること＝自信貯金」、これを意識すると、**最初の一歩が踏み出しやすくなったり、大切なことに時間をかけたり、気分に左右されずに淡々と行動できたりするようになります。**

そもそも、私たちは生まれたときは、自信しかありません。

「おっぱいを飲む自信がない」「おしゃぶりする自信なんてない」「はいはいするなんてぜったいムリ」なんてうつうつと思っている赤ちゃんはいないでしょう。成長するなかで他人と比較したり、否定されて傷ついたりして、自信をなくしていったのです。

自然でいるのが、人はいちばん自信に満ちていて美しい。つまり、自信を取り戻すことは、自分を取り戻すことなのです。

第1章では、本来、私たちがもっている自信を取り戻すために、「自信貯金」の貯め方について詳しくご紹介していきます。

自信を取り戻すことは、自分の力を取り戻すことです

2 あなたが「動く」だけで貯金は貯まる

だれもが無意識のうちに「自信貯金」を貯めている

「自信貯金」の貯め方は、じつにシンプルです。

「やろうと思っていることをやる」、これだけでチャリン♪と貯まります。

たとえば、平日は朝7時に起きること、朝食とお弁当を作ること、学校や職場に行くこと、終業時まで働くこと、帰りに習い事をすること、休日に観たかった映画を観ること、会いたい人に会いに行くこと……。

そんなふうに日頃やっていることは、これからも自信をもってできるはずです。

つまり、「自分の期待に応えること」で、だれもが無意識のうちに「自信貯金」を貯めているのです。

やろうと思っていたことを実行したとき、「やった。ひとつ終わった」という〝爽快感〟があります。私は朝のラジオ体操をしたとき、朝イチで面倒な仕事を片づけたときなど、「よしよし。よくやった」と自分をほめたい気分になります。

この気持ちのいい〝快感〟こそが、ひとつの成功体験。**「私は自分の期待に応えられる人間なのだ」と無意識にインプットされて、「自信貯金」がチャリンと貯まります。**

これひとつでは大した自信にはなりませんが、毎日、毎週とくり返していると、大きな自信に育ちます。ほかのことも実行するほど、チャリン、チャリンと貯金が貯まり、同じくらいのハードルのことなら、「普通にやれるでしょ」という気持ちがわいてくるわけです。

一方、「やろうとは思っているんだけど……」と、頭で考えているだけで、だらだらして動かない状態では、「自信貯金」は貯まりません。

それどころか、焦《あせ》りや不安、自己嫌悪などがわいてきます。

考えていることと行動が一致しない、モヤモヤした〝不快感〟こそ、失敗体験。「私は、自分の期待に応えられないダメな人間なのだ」と自分に失望して、〝潜在意識〟のなかに**借金のように、刷り込まれてしまう**でしょう。

そう、私たちの考えていることには、「意識して考えていること（顕在意識）」と「無意識に考えていること（潜在意識）」の2つがあります。驚くことに「潜在意識」で95％以上、毎日8万もの情報を処理しているといいます。

「潜在意識」のなかには、私たちそれぞれが体験してきたこと、触れてきた価値観や情報などのビッグデータが詰まっていて、私たちのほとんどの行動や意思決定は自動的に行われています。

「いやいや、私はちゃんと自分で考えて、意識して行動を選んでいる」と思うかもしれません。しかし、その意思決定も、潜在意識のなかにある過去のデータがもとになっていて、多大な影響を与えています。少々難しく感じるかもしれませんが、ポイントを1行にまとめると、こういうことです。

「自分を変えたいなら、〝潜在意識〟を味方につけないと変えられない」

具体的には、「やろうと思っていることを実行する」という小さな行動を積み重ねること。そうすれば、自然に潜在意識のなかの**「やればできる私」**という自信がどんどん高まっていきます。

ここで、潜在意識のなかに貯まる「自信貯金」を、少し整理します。

●「やろうと思っていることをやる」↓快感（成功体験）↓「やればできる私」↓貯金
●「やろうと思っていることをやらない」↓不快感（失敗体験）↓「ダメな私」↓借金

注意すべきは、「とりあえず、やる」だけで、プラス1点（貯金）。うまくいったか、評価されたかはまったく関係ないということです。だから、やるかどうか迷ったときは、ゲーム感覚で「よし。1点ゲットしよう」と、やるほうを選ぶといいでしょう。

大きな自信を育てるには、この小さな1点を重ねていくしかないのです。

私たちは「自分のやるべきことを、ちゃんとやった」と思えたとき、心から満足し、その結果にも納得します。それは、力を尽くしたことへの誇りがあるからでしょう。

他人から見た結果や評価ではなく、一瞬一瞬の「自分の期待に応えること」が、自分自身への厚い〝信頼〟になっていくのです。

「やりたいと思っていること」は、すぐにやるのが基本です

3

やりたいことを「やる」は貯金、「やらない」は借金

行動すれば自信はあとからついてくる

高校で「自信」をテーマに講演したとき、男子生徒がこんな質問をしてくれました。

「毎週末、早く宿題を済ませて遊ぼうと思うのに、いつもだらだらして宿題にとりかかれず、結局、月曜日の朝、ギリギリになってから必死でやることになってしまいます。いつもやるべきことを先延ばしにしてばかりで、自信がなくなっています」

そのあと、私と生徒の間で、こんな会話が続きました。

「でも、いつも月曜日の朝にやって、宿題が終わるんですよね？」

「はい。なんとか……」

「じゃあ、『朝の数時間、必死でやれば終わる』という自信がどんどん積み重なっているわけね。土日にやらないのは、『なんとかなる』って自信があるから。だったら、月曜日の朝やると決めて、それまでは思いっきり遊んだらどうでしょう？」

「そっちか！　『早めにやる』っていう自信はどんどんなくなって、『ギリギリにやる』っていう自信はどんどんパワーアップしているんですね。でも、やっぱり、宿題が終わっていないのはストレスで、ギリギリはスリルがありすぎて嫌なんです！」

「なるほど。それなら、方法がないわけではありません……」

これまでの復習になりますが、**「自分の小さな期待に応えること」で、自信は生まれます。「自分の期待に応えられないこと」は、自信を奪います。**

大人でもあるはずです。「キッチンの棚の整理をしよう！」と思って、早数カ月。「英会話を学ぼう！」と思って、早数年。動かないと、「面倒くさいなぁ」「時間もかかりそうだしなぁ」と心がずっしりと重くなり、「忙しいから、いまじゃないよね」などと脳内で言い訳トークをして、また放置してしまいます。

しかし、「やるべきことを放置する」という宙ぶらりんな状態は、ストレスとして心にのしかかり、心のエネルギーも自信も奪ってしまうのです。

「やらなきゃいけないけど、やりたくない」とグズグズしている自分に対して、スパル々式に「いますぐやれ！」「根性なし！」などと叱ってはいけません。

一時的に実行したとしても、本当に嫌になってしまいますから。

そんなグズグズさんにかけるべきは、やさしいこのひと言です。

「ねぇ。10分だけ、やってみない？」

やる気になれないのは、「面倒くさそう」「時間がかかりそう」「たいへんそう」と、〝大げさ〟に考えているから。

しかし、どんな大きな課題も、一つひとつは〝簡単にできる小さなこと〟でできています。全部終えるのは難しくても、「10分やること」は、だれでも簡単にできるはず。

宿題でも、キッチンの棚の整理でも「じゃあ、10分だけでも、やってみるか」とやり始めると、弾みがついて10分、20分……と熱中しているもの。熱中できなかったら、そこでストップして、また別の機会にやってもいいのです。

英会話を学びたいときも、「英会話アプリをダウンロードする」「英単語をノートに5つ書く」など、〝簡単にできる小さなこと〟に分解して実行しましょう。

とにかく、一歩進むことで、「自信貯金」はチャリンと貯まります。**やる気も自信も、わいてくるのを待っていても無駄。自信がなくてもとりあえず動いているうちに、「やれる、やれる」と気持ちも乗って、あとからついてくるのです。**

そして、もうひとつ、「宿題をしなければ」という義務感だったり、「仕事をやらされている」という押しつけだったりすると、消極的になるのも当然。一日のすべての行動を「やるべきこと」ではなく、「やりたいこと」にして、主体的に取り組みましょう。

宿題や仕事、棚の整理もやりたくなければ、やらなくてもいいのです。夢を叶《かな》えるため、お金を得るため、自分の成長や美意識のためなどに「今日はこのタスクをどうしても終わらせたい」「終わらせるのだ」など自分で決め、積極的な言葉を使いましょう。

忘れないでください。言葉が行動を生み、行動が自信を生むのです。

「少しでも手をつけること」で、やる気も自信もわいてきます

4

借金がたまっても、あっという間に返済できる

続けていれば、「自信」は必ず取り戻せる

「生まれて40年近く、料理をしたことがない」という男性がいました。実家では母、結婚してからは妻が料理をしてくれていたため、ご飯の炊き方も知らないという有り様。ところが、突然の離婚で、料理を作る必要性に迫られたのです。

当然のことながら、当初は「料理の自信なんて、まったくない」と嘆いていた彼は、まずはYouTubeで「一人暮らしの料理」などの動画を見て、真似することから始めたとか。

だんだん自分で作って食べることが楽しくなってきたため、お弁当も手作りするようになり、遊び感覚で毎日、お弁当の写真をSNSにアップするようになりました。

すると、見知らぬ人たちからも「彩《いろど》りがきれいで美味《おい》しそう！」「栄養のバランスがとれていますね」など、ほめコメントをもらうようになり、ますます励みに。

いまでは和食はプロ並みのレベルになり、友人たちをもてなすことも多いそうです。

こんなふうに「まったく自信がない」と言っているとき、単純に「やったことがない」「やった回数が少ない」だけのことが多いものです。

また、回数をこなしていても、義務感でやっていて楽しさや喜びを感じなければ、成長もなく、自信にはつながらないでしょう。

しかし、そんな自信のない人も、何度かくり返しやっているうちに、手応えを感じて、自信になっていくことがあるのです。

つまり、「やりたいことをやる」の積み重ねで、「自信がない」「自信がある」は、意外と簡単にひっくり返るということです。

自信の有無というのは、本人の主観的な感覚です。

日々、くり返していて「自信貯金」が貯まっているときは、「それに関しては、結構、自信があります」と胸を張れるし、やってこなかったことに対しては、貯金は貯まっていないので、「それは、やれる自信がないですね」となるでしょう。

とくに**「やりたいのに、やっていないこと」は、借金を重ねているようなもの。**自分自身への評価も「私ってダメだな」と下がってしまい、ほかのことも消極的になってくるはずです。

ただし、**そんな借金も、「やりたいことをやる」の貯金を何回かくり返すと、あっという間に吹き飛んでしまいます。**

「自信貯金」の借金は、短期間で〝返済〟できるのです。

私は病気をして、まったく文章を書けない日々が、数カ月続いたことがありました。それまでは毎日10ページほど書くことを十数年くり返してきたのに、1ページも書けない。文章も浮かんでこない。これまでどう書いていたのか、さっぱり思い出せない。だんだん自信がなくなって、一瞬、「私の作家生命はこれが限界なのだ」と覚悟したこともありました。

しかし、体調のいいときに、ふと「これを書いたら、読者が喜んでくれるんじゃないか」と思い立ち、パソコンに向かうと、するすると文章が出てきました。

「私は書ける」という自信がわき上がってきたものの、まだ完全には信用できない。1カ月後、一冊の本を書き上げて、やっと肌感覚で、自信が確信に変わったのです。


才能とは、続けること。続けていれば、「自信」は自《おの》ずと備わってくるのです。

そして、自信をもつことで、さらに伸び伸びと力を出せるようになります。

一瞬、自信をなくしても、また始めることで、自信は取り戻せます。

なぜなら、自分のなかに蓄えられたものは、けっしてなくならないのですから。

学歴や会社、役職、収入なども自信にはなりますが、それがなくなると、あっという間に自信は失われます。

真の意味で「自分でやってきたこと」しか、蓄えることはできないのです。

「私ってダメだな」という気持ちは、短期間でひっくり返せます

5 マイナスから立ち直ると、貯金は大幅アップ

しんどい思いをしているとき、あなたは確実に成長する

ここまで「やろうと思っていることをやること＝自分の期待に応えること」が、自信になっていくとお伝えしてきました。

ただし、勘違いしないでください。

それは、なにか特別な「＋（プラス）」のことをやらなければいけないということではありません。これまでやってきたことを、淡々と続けていくことも、大きな自信になるのです。

どんなことにせよ、習慣を続けていくのは、たいへんなことです。

仕事や学校に行く、家事をする、運動をする、家をきれいに保つ、清潔感のある服装をする、人にやさしくする……。日々の「こうありたい」という自分の期待に応え続けるのは、意外にパワーが必要です。

うまくいかないとき、気分が落ちているときは、投げ出したくもなるでしょう。

そんなネガティブな状態から「立ち直ること」、つまり、**「－（マイナス）」の状態を「0（ゼロ）」にもっていくことこそが、「自信貯金」を大幅に増額させることになるのです。**


前項で、私が「書けない状態」に陥ってしまい、そこからなんとか脱したことをお伝えしました。そんな経験があったからこそ、「少々のスランプ（心身の調子が不調で、実力が発揮できないこと）があっても、きっと大丈夫」という大きな自信になっているのです。

原稿をなんの問題もなく、すらすらと書けることは嬉しいものです。が、なにかしら難しい状況があるなかで、うまくいかずに何度も書き直したり、締切直前の制限があるなかでヒリヒリするような集中力で書き終えたりするときが、いちばん成長していて、つぎのステージに進んでいる実感があるのです。

「これまでの人生で、あなたがいちばん成長できたのは、どんなときですか？」

そんな質問をすると、大抵の人は、部活動でレギュラーになろうと必死だった学生時代、叱られながらも仕事に慣れようとがんばった新人時代、資格を取って再就職しようともがいていた時代など、不安や焦り、迷いや悩みなど、ネガティブな思いを抱えながらも進もうとしていた時代を思い浮かべるのではないでしょうか。

そんな時代がいちばん、「自信貯金」をチャリン、チャリンと貯めているといえるでしょう。

自暴自棄にならず「－（マイナス）」の状態から「0（ゼロ）」にもっていこうと進む一瞬一瞬は、表面的にはネガティブな状態に見えても、〝自信〟という側面から見ると、ひとつの成功体験。自分を信じているからこそ、前に進んでいるのです。

ほかにも、挫折や失恋から立ち直ったこと、貧乏生活から抜け出したこと、病気やケガから復活したことなど、その真《ま》っ只中《ただなか》にいるときは、ただただ、しんどいもの。ですが、通り抜けて振り返れば、「あれがあったから、いまがある」と、大きな学びと自信になっていると気づくはずです。

日常生活のなかで、気持ちがネガティブに傾くことは、多々あります。

「今日は英会話の勉強をさぼりたい」と思っても、10分でもやる。「上司に腹が立って挨拶をしたくない」と思っても、にっこり笑顔で挨拶する。「衝動買いしたい」と欲求が芽生えても、一日置いて考える……。一時的な感情に流されず、自分の期待に応えてきたことは、私たちの体全体の細胞に刻み込まれていると言っていいでしょう。

昔の人はよく、「お天道様は見ている」と言ったものでした。「よい行いも悪事も、天の神はお見通しだ」という意味ですが、神が見ているかどうかはわかりません。

ただ、**「自分がなにをしてきたか」「なにをしてこなかったか」は、自分自身がちゃんと見ています。記憶は薄れても、心の奥に確実に刻まれているのです。**

「自信貯金」を貯めるために、特別なことはいりません。

あたりまえのことをあたりまえにやること、「こうしたい」「こうありたい」という自分の期待に応えようとする一瞬一瞬こそが、自信を育てていることになるのです。

「あたりまえのことをやる」でも、大きな自信になります

6 一時的に自信をなくしても、貯金はゼロにならない

「私はダメだ」なんて、ひとくくりに考えない

自信がない人は、ちょっと失敗したり、少しでも自分の欠点が見えたりすると、「やっぱり、私はダメな人間だ」とひとくくりにした思考になりがちです。

ある女性管理職がこんなことを言っていました。

「有名大学出身の新入社員にかぎって、ちょっと叱ったら、ひどく反発したり、逆に落ち込んだりして、会社に来なくなることが多い。プライドが高いから、自分が否定されたみたいで嫌なんでしょうね。全部を否定しているわけじゃないのに……」

〝プライド〟とは、他者との比較や、まわりからの評価によって、自分は価値があると認識する気持ち。〝自尊心〟が、自分で自分の存在価値を決めるのに対して、**プライドは他人が自分の価値を決めるので、その価値はつねに揺らいで不安に苛《さいな》まれるのです。**

これまで挫折や失敗の経験がない人、人からほめられる経験を多くしている人は、プ

ライドが高く、完ぺき主義に陥りがち。無意識に「認められなければいけない」と思っているので、失敗したり、叱られたりすると、「だって、○○だから」などと必死で言い訳したり、「自分は悪くない」と正当化したがります。

しかし、それは、本当は自信がなくて、「ダメなヤツだと思われるかも」「自分は、本当は大したことがないのかも」という不安の裏返しだったりするのです。

少しぐらい失敗して自信をなくしても、「そりゃあ、うまくいかないこともあるのは当然」「全部うまくいくなんて、思い上がりもいいところ」と現実に寄り添って、早めに立ち直れる人が、本当の意味で自信のある人です。

そんな人は、ダメな部分をひとくくりにして悲観的に考えるのではなく、いい部分もあるし、**「全体的にはＯＫ」**と楽観的に考えています。つまり、一時的に自信をなくしても、「自信貯金」はゼロにはなっていないのです。

いいことがあって大いに喜ぶのはよしとしても、「自分はすごい」と思いすぎない。かといって、**よくないことがあっても「自分はダメだ」と、ひとくくりに悲観しすぎない**。まわりの評価や、状況によって一喜一憂していると、自己評価も上がったり下がったりして、どんどん自信が薄らいでいくのです。
どんな状態になったとしても、平常心に戻って、目の前のことに専念したり、喜びや感謝を感じたりすることが、いちばんの自信になっていくはずです。

そもそも人間は古来、生き抜いていくために、ネガティブな情報に意識を向ける性質がありました。危険なことに気づき、つねに注意していないと、自分や家族の命を守れなかったからです。反対に、ポジティブな情報は、記憶に留める必要がないため、なかなか意識を向けません。気がつけば、いつも「悪いこと」探しをして、そこにばかり目が向いている状態になりがちです。

他人に対しても、ひとつ嫌なところが見えると、その人の全部が嫌になってしまうことがあります。長所がたくさんあるのに、そこは見えなくなってしまうのです。

自分自身に対しても、「短所はたくさん挙げられるのに、長所がわからない」という人は多いもの。「私は太っているから」「三流大卒だから」「話すのが苦手だから」と、コンプレックス（劣等感）ばかりが気になって、消極的になってしまう人もいるでしょう。本当は山ほど長所があり、自分が短所と考えていることも、魅力になっているというのに。

もし、あなたが「私は自尊心が低い」と感じているなら、まわりにばかり目を向けて、自分のことをよく知らないのかもしれません。

「ないもの」を嘆いてばかりいないで、「もっているもの」に感謝してみてください。

どんなに人を羨《うらや》んでも、「じゃあ、その人と代わりたい？」と聞かれたら、ほとんどの人は、「いや、代わらなくていい」と答えるでしょう。

それは、あなたのなかにも、かけがえのないもの、大切なものがあるからです。

好きなことに専念できること、家族や友人と笑い合うこと、これまで育ててくれた人や環境を大切に思えること……それらは、すべてあなたにしかできないことです。

「自分という人間は、ほかのだれにも代えられない」「自分にしかできないことがある」という気持ちをもっていたら、自尊心が簡単に傷つくことはないのです。

「ないもの」より「あるもの」に目を向けたほうが、〝幸運体質〟になれます

7 ちょっと難しそうなことに挑戦すると臨時ボーナス

自信がなくてもやってみると、自信はついてくる

自然のなかで乗馬体験をする教室をやっている友人がいます。彼女は、不登校や心の病《やまい》をもつ子どもたちを自宅に招き入れて、一緒に生活することがあります。子どもたちは、最初は「なにをしていいか、わからない」と呆然《ぼうぜん》として突っ立っている状態。ですが、友人は、なんでも手取り足取り、指導をするわけではありません。馬の扱いや馬小屋の掃除、川の上流で泳ぐこと、木に登ること、自宅での料理、洗濯など、なんでも一度やってみせて、

「あなたもやってごらん。できるから」

と、あとは子どもたちに任せるのです。放置しているわけではなく、ちゃんと遠くから見守っていると、子どもたちは恐る恐るやり始め、「見て見て！　できたよ」とか「うまくできなーい。もう一回！」なんて叫びながら、夢中になっています。

そんな生活を1週間ほど続けて帰宅すると、お母さんたちがとても驚くのだとか。「駅で迎えたとき、本当に我が子?と見間違えるほど顔つきが変わっていてびっくり」「自分から学校に行くようになり、積極的に家の手伝いもして、親が戸惑うほど」というように。「ちょっと難しそうなこと」に挑戦したことで、「私にもできるのだ」という自信が芽生えたのでしょう。自信というのは、人を明るく、たくましく、自然な状態、つまり、〝本来の自分〟に戻してくれるのです。

自分の幅を広げる行動で、「自信貯金」はチャリン、チャリン、チャリン……と、大幅に増額されます。

「ちょっと難しそうなこと」というのがポイント。ゲームでも、勉強の練習問題でも、難易度の高いことは「どうせムリ」とやる気がわいてきません。簡単すぎることは、気合いを入れなくてもできるので、つまらなくなってしまうでしょう。

「ちょっと難しそうなこと」が、いちばん夢中になりやすいのです。

仕事でも学びでも、趣味やスポーツでも、少しだけ背伸びをして取り組んでいるうちに、いつの間にかできるようになっていた、ということがあるはずです。

先の友人は物理学者の恩師から「私たちの行動は、すべて実験」と学んだとか。

「物理の実験と同じ。**新しい試みをするときは、『こうしたらできるはず』と〝仮説〟を立てて、〝実験〟をするけれど、大抵はうまくいかない。**『なんでうまくいかないのか』と〝検証〟して、また仮説を立てて、実験をする……ということを無意識にやっているわけ。天才は1、2回、実験をくり返すと、うまくいくけれど、凡人は4、5回でうまくいくようになる。つまり、凡人も回数を増やすと、天才と同じレベルになるのよ」

挑戦というのは、自分はできるのか、どうすればできるかと、自分の力を試してみること。一度でうまくいくはずはなく、何度も「仮説→実験→検証」の試行錯誤をくり返しているうちに、いつの間にかうまくいくようになるのです。

〝挑戦〟といっても、大それたことだけではありません。

新しい料理を作ること。1キロ痩せること。少し難しい本を読むこと。新しい人間関係に入っていくこと。やったことのない習い事をやってみること……。

「少し難しそうだけど、やってみたいこと」があったら、自分にこう声をかけてあげるといいでしょう。

「やってごらん。できるから」

そして、**最初からうまくいかせようと気負わずに、実験のつもりで軽く試してみれば、そのうち、できるようになるのです。**

うまくいかないときこそ、チャンス。試行錯誤をしながら進んでいるときが、うまくいく方法も、心を立て直す方法も学んでいて、チャリン、チャリンと「自信貯金」が臨時ボーナスのようにどんどん貯まっているのですから。

たとえ、挑戦して結果的に〝成功〟しなくても、〝成長〟は確実に手にできるので、損はありません。挑戦しなければ、なにも手にできず、「自信貯金」の借金が嵩《かさ》んでいくばかりです。

目の前の少し難しいことに挑戦する、挑戦しない。さて、あなたは、どちらを選択しますか？

何度も試行錯誤をくり返すうちに、自分の期待に応えられるようになります

8
貯まった「自信貯金」は、なんにでも使える
うまくいかなくても、自信を貯めることはできる

私はこれまで50職種以上の仕事をしてきました。書く仕事だけはなんとか20年以上、続いていますが、傍《はた》から見ると、事務職や営業、着付け講師など、ほかの仕事は全部〝中途半端〟で〝失敗体験〟だと思うかもしれません。

しかし、私は負け惜しみでもなんでもなく、「やった」というだけで成功体験だと思っているのです。なんの結果も残さず、認められなくても、私のなかには「やりたいことをやった」という満足感と自信が残っていて、そんな「自信貯金」が貯まっていたからこそ、つぎつぎに新しい世界に飛び込んでこられたのです。

40歳を過ぎて台湾の大学院に留学したとき、語学が堪能だったわけでも、なにかの専門性があったわけでも、経済力が豊富だったわけでもありません。

それでも「これまでなんとかやってきたから、これからもなんとかやっていけるだろ

う」という、根拠のない自信があったのです。

うまくいく自信なんてないけれど、うまくいかなくても、そのときはそのとき。軌道修正をしながら生きていけるだろうと思っていました。

すべて自分の思い通りになるなんて、傲慢《ごうまん》な考え方。私は**「うまくいかないことがあって、あたりまえ」**という前提で生きているので、多少、傷ついても「やりたいことをやった結果だから、それはそれでよし」として、進んでこられたのです。

「うまくいくかどうか」という結果ではなく、ただ、「やってみる」ということだけで、ひとつの〝成功体験〟。「なにをやってきたか。なにをやってこなかったか」という事実は、私たちの肌感覚として残っています。

そんなふうに**コツコツと貯めた「自信貯金」は、同じタスクだけに使えるのではなく、「根拠のない自信」として、なんにでも使えるのです。**

ある友人は、1年間、華道の教室に通って、発表会に参加したら、「なにかほかのことにも挑戦したくなった」と、今度は山登りに挑戦するようになりました。

またシングルマザーの友人は、かつて会社を興《おこ》して多くの社員を雇っていました。現在は、会社を縮小したものの、「あのころの苦労を考えると、大抵のことは楽勝」と、ダイビングや農業など、いろいろなことに挑戦しています。

「〝いいおこない〟をした」という満足感が、自信になることもあります。

ある精神科の医師によると、うつになって「どうせ自分なんて」と自己肯定感が低い人たちに、毎日、トイレ掃除をやってもらったところ、全員の症状が良くなったとか。

汚い場所をピカピカにきれいにすること、しかも人の嫌がることを進んでやるおこないは、実際にやってみると、清々《すがすが》しい気分になるものです。「私って結構、いいヤツじゃないか」と、自分が好きになって、自己肯定感が上がる感覚があります。

それが、自分への信頼になるのです。

ある大御所タレントが、どんなに有名になっても、トイレ掃除を欠かさないのはよく知られた話です。

「自分は人よりも才能があるとは思えない。でも、なにをやっても高く評価されてしまう。おかしい。自分の才能だけで、やれるわけがない。ただ、心当たりがひとつだけある。それは若いころに師匠に『トイレをきれいにしろ』と言われて、何十年もやり続けてきたことだ。自分がもてはやされるのは、トイレ掃除のおかげかもしれない」と。

またある有名な野球選手は、運がよくなるように、ゴミ拾いや挨拶、道具を大事に使うことなどを、欠かさずにやり続けているとか。

運をもたらしてくれるのは、神の仕業《しわざ》というより、運に見合った自分自身の行動。トイレ掃除やゴミ拾いなど、**面倒がらずにやり続けることで、素直さ、謙虚さ、信念、粘り強さ、そしていちばん大切な「自分を信じる気持ち」が備わってくるのです。**

「やりたいことをする」「いいおこないをする」……そんな自分を好きになれる行動を一つひとつ〝貯金〟していきましょう。「自信貯金」は、いちばんの財産となって、私たちの人生を支えてくれますから。

自信をもちたいなら、意識ではなく、行動を変えることから

9 「自信貯金」には、「Do貯金」と「Feel貯金」がある

どちらの貯金もある人は幸せ

第1章では「自信貯金」の特徴についてお伝えしてきました。

ここで、勘の鋭い人は、「なにかしなければ、自信にならないの？」という疑問をもったかもしれません。

まったく本質をついた疑問で、じつは「自信貯金」には大きく分けて、「Do（する）貯金」「Feel（感じる）貯金」の2つがあります。

「Do貯金」はここまで書いてきたように、なにかやろうと思っていることを、ただ「する」ことで貯まっていく貯金。日頃、小さな行動を少しずつ重ねていくことで、なにかをするときに「きっと私ならできる」「うまくいくでしょう」と、自分の〝力〟を信じる〝自己効力感〟が生まれます。

「Feel貯金」は、なにもしなくても、「このままの私でいい」「素敵なものをもって

いる」「私には幸せを感じる力がある」と、ありのままの自分や、もっているもの、生きる姿勢を肯定的に受け止めて、好意的に「感じる」ことで貯まっていく貯金です。

自分やまわりの期待に応えられなくても、「どんな私でもＯＫ」「私なら大丈夫」と、根っこで自分を信じられる〝自己肯定感〟があります。


「Ｄｏ貯金」と「Ｆｅｅｌ貯金」、どちらも大事で、生きていくために必要。なにかをするときに「自分ならできる」と信じられるのが「Ｄｏ貯金」で、たとえできなかったとしても、「そんな自分でもいいのだ」と肯定するのが「Ｆｅｅｌ貯金」といえるでしょう。**どちらの貯金も潤沢にある人は、そこはかとない安心感と多幸感があるものです。**

「Ｄｏ貯金」が貯まっていないと、「できる自分」を信じられなくて、引っ込み思案だったり、やり始めてもすぐに投げ出したり。「Ｆｅｅｌ貯金」が貯まっていないと、「ありのままの自分」を信じられなくて、まわりの反応にものすごく落ち込んだり、人にマウントをとったり、逆に卑屈《ひくつ》になったりします。

私たちがこれまで日常生活のなかで、無意識に貯めてきた「自信貯金」を、少し意識してみるといいでしょう。

たとえば、朝、なんとなくやっている習慣があるとしたら、「あぁ、こんなふうに自信は貯まっていくのだな」と大切に思えて、これからもちゃんと続けていけるでしょう。

「やるかどうか」迷っていることがあったら、**「少しやるだけで貯金。やらないは借金になるな。とりあえず、やってみるか」と、軽く踏み出してみるのです。**

また、仕事でミスをしたり、人になにか言われて落ち込んだりしたときは、「しょうがない。いいところも、そうでないところもあるのが自分だから」「いろいろ学びがあったから、つぎは大丈夫」と肯定的に受け止めることで、早めに前を向けます。

「自信貯金」のいちばんの目的は、自信をもって生きたいように生き、自分とまわりの人を幸せにすることにあります。本当の自信がたまるほど、生きやすくなり、成長、成熟していけることはいうまでもありません。

まずは、自分で自分を信頼できるようになること。自分の期待に応えて行動していくことも大切ですが、その土台として「正直でありたい」「やさしくありたい」「笑って過ごしたい」など、人として「こんな自分でありたい」という〝美学〟をもつことが、私たちを支えてくれます。

自分を信頼できると、他人からも「信頼に足る人」として見られるようになります。

「この人なら大丈夫」と思われたら、自然に人とつながったり、仕事を得たり、やりたいことを叶えたり、困ったときは助けてもらったり……と、必要なことを、必要なときに得ることができるのです。

「自信貯金」は、お金の貯金よりずっと大事で、利用価値が高いもの。自分のなかに貯えられた自信はなくならず、奪われることもありません。

「自信貯金」について、大体、理解できたでしょうか。

第2章では、自信がある人の共通点を通して、「自信貯金」の貯め方について、もう少し詳しくお話ししたいと思います。

「こんな自分でありたい」が自分を支えてくれます

第2章

自信のある人は、意外な方法で「自信貯金」を貯めている

10 「やりたいこと探し」では、自信にはならない

自分の足元に目を向けて、一日一日を精一杯生きれば十分

これまで多くの自信にあふれる人たちに会ってきました。彼らは、「自分はすごい」と自信満々で傲慢な態度をとったり、思い込みの発言をしたりしている人たちではありません。むしろ、謙虚な態度で、どこまでも自然体。ただ意識的か無意識かにかかわらず、前向きで明るく、自分の力を引き出し、生かすのがとてもうまいのです。

第2章では、そんな「自信のある人の共通の習慣」について挙げていきます。

この本を読んでいる人のなかには、「自信をもちたい。そのためには、なにかやりたいことを見つけてスキルや資格を身につけ、自分を変えていかねば」などと考えている人がいるかもしれません。そして、「やりたいこと探し」に必死になっても、なかなか夢中になれることは見つからず、いざなにかやろうと思っても「面倒くさそう」「いまのままでいいか」と、気持ちが引き気味になってしまうのではないでしょうか。

無理もありません。「やりたいこと」というのは、探して見つかるものではないのです。**やりたいこと探しに必死になるのは、いまの自分に対して、「このままじゃ物足りない」と刷り込んでいるようなもの。**「なにかないかな」と、心を満たしてくれるものを探せば探すほど、物足りなさは強くなり、自信も奪われていくというわけです。

じつは、だれもがすでに、自信になる要素をもっています。第1章では、「自信貯金」は、なにかを続けることで貯まるというお話をしました。

それは新しいことでなくても、**これまであたりまえのように続けてきた「平凡な習慣」でいいのです。むしろ、それこそが自信の源といっていいでしょう。**

たとえば、毎朝、ベッドを整えること。植物に水をあげること。家族や同僚に笑顔で「おはよう」と言うこと。仕事に行くこと。散歩すること。ときどき空を眺めること。一日の終わりにお風呂にゆっくり浸《つ》かること……。そんなささやかな習慣は、少しだけ私たちを幸せに、そしてタフにしてくれる小さな〝成功体験〟なのです。

これまでくり返してきた習慣によって、いまの自分はつくられています。いざなにかをしようと思ったときに「なんとなくできそう」と感じる根拠のない自信や、自分のことを好きでいる自己肯定感につながっているのです。

大切なのは、成功体験の〝大きさ〟ではなく、〝回数〟。つまり、気づかぬうちに、「自信貯金」は、ちゃんと貯まっているというわけです。


本当の自信のある人は、特別なことをしていなくても、生き生きと輝いて見えます。安易に人と比べず、「私はいまの生活が好き」という誇りと、納得感があるからです。

夜、眠るときに「今日もいい一日だった」と思えるような日々を送れていたら、毎日、自分を幸せにできているのですから、それは自分への信頼も厚いはずです。

ありふれた毎日のなかにも、しみじみと味わえる豊かさや幸せがあり、感謝できることはたくさんあります。そんな平凡な暮らしが、なにかの拍子に崩れ去ってしまったとき、「自分は多くのものをもっていた」と気づくはずです。


いつでも、どこででも幸せになれる人は、いまの自分にないものを追い求めるのではなく、いまの自分にあるものに目を向けて、少しずつ成長、成熟していきます。

自然の法則のなかでは、時間とともにすべてのことが移り変わっていて、私たち自身も、まわりの環境も徐々に変化していきます。

自分を幸せにできる人は、基本的な習慣を続けているだけでなく、ときには仕事のやり方を変えてみたり、散歩の距離を少しだけ増やしたり、お風呂時間に読書をしたりと、習慣のマイナーチェンジもやっています。

自信とは、筋トレのようなもの。1キロのダンベルでトレーニングをして筋力がついたら、つぎは2キロのダンベルに挑戦してみたり、別のトレーニングをやってみたくなったりするのと同じ。ひとつの習慣を続けているうちに自信がついて、自然に別なこともやってみたくなる。ときには大きなチャレンジをしてみたくなるものです。

わざわざ「やりたいこと探し」をしなくても、自然の流れで「やってみたいこと」には出逢えるのです。

大きな成果より、日々の小さな習慣が、自信を育ててくれます

11 無理に難しいことをしても、自信にはならない

まずは「簡単にできること」をポンポンと片づけましょう

自信をもっている人というのは、例外なく、フットワークが軽いものです。

しかし、どんな人であっても多かれ少なかれ「さぼりたい」「怠《なま》けたい」「ラクをしたい」という気持ちはあります。仕事、家事、勉強など、やらなければならないことはたくさんあるのに、ついだらだらとテレビを見たり、スマホでネットサーフィンをしたりして、時間ばかりが過ぎていく。不安や焦りを感じているのに、行動に移せない自分が嫌になってしまう……ということは、だれにでもあるでしょう。

そんなときに「動くか・動かないか」が、自信にも大きな影響を及ぼすといえます。

そもそも、どうして人は、だらだらして、やる気になれないのでしょう。

脳科学的な側面からいうと、「脳」という器官は、体重の2％程度の重さしかないのにもかかわらず、体全体で消費するエネルギーのうち約20％を使うといいます。ともか

く脳は〝大食漢〟で、ものすごくエネルギーがいるのです。

もちろん、生きていれば、ほかの臓器もエネルギーを必要とするので、外からの刺激がないときは、脳は活動を抑制して、〝省エネモード〟でだらだらと働きます。

つまり、脳にはもともとできるだけさぼろうとする機能が備わっているのです。テレビやネットは主体的な行動ではなく受け身で、そこそこ心地よい刺激を与えてくれるので、何時間でもだらだらできます。といっても、脳は反応することで意外に疲れているのですが。

やる気が出ないときは、無理に気持ちを奮い立たせようとしてもうまくいきません。

とりあえず、簡単なこと、好きなこと、やりやすいことから、ハードルを低くして、軽い気持ちでポンポンと片づけるのがポイントです。

やる気が出なくても「とりあえず10分だけ」とやり始めると、脳も徐々に活性化して〝通常運転モード〟に切り替わり、やる気が起こります。

大切なのは「やる気が出るまで待つ」のではなく、やる気が出なくても、とにかくな

にか行動を始めること。そして、気が乗らなくても、作業を10分だけ、続けてみましょう。脳のコンピュータが立ち上がって、積極的に動き始めるまで、最低10分程度、脳への刺激を与えることが必要だといわれます。始めてしまえば、〝作業興奮〟が起こり、いつの間にか熱中しているのです。

また、飛躍的に成長しよう、自信をつけようと、いきなり難しいことから入る人もいますが、これもうまくいきません。

あなたにもこんな経験がありませんか。難しい参考書の練習問題にトライしようとしても、やる気がわかず、「やっぱり私にはムリ」とあきらめてしまう。けれど、難易度低めの練習問題を何度もくり返しているうちに、自信がついてくること。

人は「私にもできる」と希望をもつと、やる気がわいてくるのです。

反対に、「私にはムリ」という無力感のまま進むのは、アクセルとブレーキを同時に踏んでいるようなもの。当然のことながら、力も出ないし、成果も出せないでしょう。

仕事でも、学びでも、生活や遊びでも、難しい課題に挑戦するときは、全体をひと塊《かたまり》で見ると、その量や複雑さに圧倒されて気持ちも萎《な》えてくるものです。

作業を10分から1時間以内で片づく程度の大きさに分解して、「ＴｏＤｏリスト」に落とし込み、一つひとつクリアしていくと達成感もあり、俄然《がぜん》やる気もわいてきます。

小さなことでも一つひとつ終わらせると、必ず自信になります

私はやる気が出ないときは、一つひとつの作業を〝丁寧〟にやることにしています。

たとえば、外出する気分になれないとき、いつもより丁寧に顔を洗い、丁寧にお化粧をし、丁寧に服を選んでおしゃれをする。すると、自然に気持ちが前を向いて、玄関を出るときには「楽しんでこよう！」という気分になっているのです。

「簡単なことから」「10分間」「丁寧に」を心がけていると、やる気のスイッチが入りやすくなり、最初の一歩が踏み出せるようになります。

ともかく動くことで、やる気になり、自信になることを忘れないでください。

12 世間の評価と、あなたの価値は違っていていい

自分自身の理想をとことん追求する

「SNSを見ると、友だちが活躍していたり、幸せそうだったりして、自信がなくなる」

「成績の悪かった友人が自分よりも収入が多いことがわかり、妬《ねた》ましく思えてきた」

「就活の面接に落ちて、すっかり自信をなくした。友人も落ちたと聞いて少し安心」

そんなふうに人と比べることで、自信をなくす人は多いもの。他人に嫉妬《しっと》したり、人の幸せを喜べなかったりする自分のことが嫌になってしまう人もいるかもしれません。

しかし、**これも習慣の影響が大きいのです**。私たちは幼いころから、兄弟や近所の友だちと比べられたり、学校の成績やかけっこで競わされたり、容姿や家庭の状況によって扱いが違ったり、またはそんな人たちを見てきて「人より劣っていると、大事にされないのだ」という恐れを刷り込まれてきました。

とくにひとりでは生きられない幼少期に、まわりから認めてもらえないことは死活問

題。大人たちの言葉に深く傷ついたことも、逆に自信をもったこともあるはずです。

大人になっても、比較から逃れることはできません。就職活動や営業成績、昇進、婚活など、他人から比較、評価される機会はつねにあります。

自分自身でも、働く会社のステータスや収入、SNSのフォロワー数、恋人の有無、容姿やスタイルなど、つい「自分のほうが上、下」と比較してしまうことはあるでしょう。

「人の価値はみんな平等」「比較で人を判断してはいけない」などと、きれいごとを言うつもりはありません。比較や評価はつねにあるものとして、そこに惑わされず、「それがなにか?」「自分の価値は自分で決めますから」と開き直ることが重要なのです。

自信のある人というのは、「他人のことはいい。自分の道を歩くのだ」という覚悟をもっています。他人がどうであろうとあまり関心がなく、自分のことに専念しています。

だれだって「評価されたい」という気持ちはあるもの。ですが、「世間の評価=自分の価値」と思ったら、大間違い。自分の理想を追い求めること自体に、深い満足と、自尊感情があるのです。

多くの大人たちがそうであるように、人との競争、張り合うことに熱心になっていたら、自分の人生を台無しにしてしまいます。

資本主義の世の中は、人を馬車馬のように働かせたり、消費行動を促したりするために、競争を煽《あお》る傾向がありますから、それに振り回されてはいけないのです。

他人との比較や競争ほど、幸福度も自信も下げるものはありません。

私も20代、30代は「あの人はすごいなぁ。それに比べて私は……」と落ち込んでばかりいました。「あの人に比べて、私はまだマシ」と安心する卑《いや》しい気持ちもありました。

そんなふうに一喜一憂したり、人に認めてもらうために人生の選択をしようとする自分がほとほと嫌になって、一時期、まわりの声をシャットアウトして、「自分はどうしたいのか」「どんなふうに生きたいのか」とひとりで考え続けていました。

そして、30代後半のある日、「海外の子どもたちを取材して、リアルに伝えたい」という、隠れて見えなくなっていた思いが、むくむくとわき上がってきたのです。

友人に話すと、「いいね！」と言ったのは一人だけ。あとは「そんな夢を追いかける年齢じゃないでしょ」「普通に結婚して落ち着いたら？」という否定的な反応でした。

でも、**他人が自分の人生に責任をとってくれるわけではありません。自分の幸せをいちばん真剣に考えていて、自分の人生に責任をとれるのは、自分しかいないのです。**

「これからは好きなように生きよう」と、数カ月後には仕事を辞めて、思い描いていた夢を実現。それが大きな自信になって、本を書くことにつながっています。

面白いのは、「認められたい」と必死にもがいているときより、「とにかく、自分を信じてみよう」と、自分のことに専念したほうが、結果的に認められたということです。

他人が認めてくれるかは、他人が決めることで、気にしてもしょうがない。人との比較をして自分を上げたり下げたりするのも無意味。「あの人と自分はなにが違うのか」「あの人ががんばっているから私も」と学びや励みになるなら、意味があるでしょうが……。

嫉妬する相手を「すごいね」と素直に認めると、とらわれることはないはずです。

人生に勝つべき競争などないとわかれば、ご機嫌に自分の道を歩いていけるのです。

自信がない人は、わざわざ周囲と比べて、さらに自信がなくなります

13 そもそも人は、簡単に変わることができない

休み休みでも、ともかく21日間続けてみる

これまで、ともかく続けていること、習慣としてやっていることが自信になるとお伝えしてきましたが、「簡単なことでも、続けるのは難しいんだよ」なんて、ツッコミを入れている人もいるのではないでしょうか。

たいへん鋭いツッコミで、「三日坊主」という言葉があるように、新しく始めたことを習慣として定着させ、継続するのはとても難しいものです。

あなたも経験がありませんか？

年始に「今年は朝活で英会話を習得しよう」「夜に30分、ウォーキングをしよう」などと決めて、三日坊主になってしまったこと。ほかにも「ダイエットしよう」「30分早く出勤しよう」「毎月、貯金をしよう」「日記をつけよう」など、さまざまなことを始めては、面倒になって断念したこと。そして、続けられなかった自分に対して、「なんて

私は意志が弱いんだろう」などとガッカリして、自信を失《な》くしてしまったこと。

私も三日坊主どころか、一日坊主で終わったことが山ほどあります。

新しい習慣が定着しない理由は、いまの安定した状態を保とうとする人間の恒常性〝ホメオスタシス〟が関係しているといわれます。古来、厳しい環境で生き抜くために備わったシステムで、「いまが安定しているんだから、このままでいい。新しいことをすると危険だし、エネルギーを消耗するから嫌」と心も体も抵抗するわけです。

つまり、**意識では「変わりたい」と思っていても、無意識は「変わりたくない」と全力で反発しているので、三日坊主になるのも無理はないのです。**

私たちが、どんなに意志を強くもって「これから私は明るく元気な人になる！」と個性を変えようとしても、「これから部屋をきれいに片づけて、それをキープします！」と宣言しても、うまくいかないのは当然のこと。これまで陰気だった人、汚部屋で暮らしていた人は、それが〝安定した状態〟だったのですから。

「人は簡単に変わることができない」というのは、ひとつの真理なのです。

しかし、案じることはありません。「人は簡単に変われない」ということを理解しておくことで、新しい習慣を身につけて、少しずつ自分を変えていく方法はあります。

習慣というのは21日間（3週間）続けると、それが〝安定した心地よい状態（コンフォートゾーン）〟になり、無意識のなかにも定着していくといいます。

ともかく、どんな姑息《こそく》な手を使ってでも、21日間は続けると決めましょう。

まずは、ハードルを極端に低くすること。「毎日、読書をする」と決めたら、1ページでもOK。少しでも実行すれば、「やったこと」としてカウントするのです。100点を目指してはいけません。1点でもやることに意義があります。1回やったことで「自信貯金」もチャリンと貯まったとイメージしてください。

つぎに、休んでもいいことにしましょう。三日坊主の人は、3日連続できないと「また続かなかった」と、あきらめてしまうのです。3日目ができなかったら、数日後にやってもOK。「休み休みでも、やりさえすればいい」と考えると、自信の貯金もチャリン、チャリンと貯まっていきます。ただし、間を置きすぎると腰が重くなるので、できるだけ早めに実行しましょう。

3つ目は、これまでやってきた習慣に絡めることです。たとえば、ランチを食べる前にスクワットを10回する。お風呂の中で英単語を3つ覚える。いつもの挨拶にひと言加える……というように。「どのタイミングで、どの場所で、なにをやるのか」を決めておけば、忘れにくく、いつもの流れのなかで実行しやすいのです。

続けている記録をとるのも有効。ダイエットであれば体重を記録したり、継続したいことがあれば、実行した日のカレンダーに○印をつけたりすると、努力の跡が見えて励みになります。通帳にどれくらい貯金が貯まっているのか、にまにましながらチェックする感覚です。

習慣が定着するのと同時に、ホメオスタシスも解除され、コンフォートゾーンのステージも上がります。気づかぬうちに、自分もよりよく変化しているのです。

一日実行できた自分、21日間やり続けた自分に「よし！」と誇りをもってください。

1回の大きな行動より、「小さな習慣の差」が自分を変えていきます

14 「嫌々やる」では、「自信貯金」は貯まらない

「〜しなければ」より「〜したい」を優先する

「嫌だけど、仕事をしなきゃ」「嫌だけど、会社の飲み会に参加しなきゃ」「嫌だけど、実家の片づけをしなきゃ」というように、「嫌々やっていること」をどれだけ重ねても、自信にはなりません。

「自分に選択の余地はなく、仕方なくやらされている」というプレッシャーから、行動も後ろ向きになりがち。自信どころか、嫌々やっている自分のことも嫌になってしまうでしょう。

「一日のほとんどは〝しなければならないこと〟で、〝したいこと〟をする時間がない」という声もよく聞かれます。が、一日中〝しなければならないこと〟に振り回されている人の末路は、後悔でいっぱいになります。

仕事で心の病になる人や、燃え尽き症候群でプツリと糸が切れたようになる人も、大

抵は仕事熱心で、責任感の強い性格です。彼らは「自分がやらなければ、たいへんなことになる」と不安にかられて必要以上に仕事を優先し、心が休まることはありません。

「社員としてどうするべきか」「家族としてなにをするべきか」と役割を全《まっと》うすることを優先するので、「自分はこれをしたい」という欲求もわいてきにくいのです。

おかしなことに「老後のためにいまから趣味でも見つけなければ」「転職のために、なにか資格でも取っておかなければ」と、趣味や学びさえも義務的に考えてしまうのです。

人生の終わりを迎えるとき、人がもっとも後悔する5つのことを紹介します。

「自分に正直に生きればよかった」「働きすぎなければよかった」

「自分の気持ちを伝えればよかった」「友人との連絡を続けていればよかった」

「幸せをあきらめなければよかった」

自分が「やらなければ」と思い込んでいることの多くは、やらなくてもちっとも困らないこと。ほかに優先することがあるのではないでしょうか。

人生の時間でなにをするか、すべて自分が選んでいいのです。

私は一日24時間、「やりたいことしかやらない」と決めています。

たとえば、気の進まない食事会などのつき合いは、すべて断ります。

書類の整理や部屋の掃除など、気が向かなくても必要だと感じることは、快適に仕事や生活をするために「やりたいこと」として取り組み、楽しめる工夫をします。

仕事の締切も家族としての役割も「すべては自分のために、自分で選んでやっていること」と主体的に考えると、気持ちは軽くなり、前向きに行動できるのです。

迷ったときは、「どうするべきか」と頭で考えるのではなく、「どうしたいのか」と、〝感情〟を確認すればいいのです。

私たちの感情は、なにが自分を幸せにしてくれるか、よくわかっていますから。

ただし、**ここで注意しなければいけないのは、〝快楽〟と〝幸福〟を間違わないこと。**

快楽は、単純に心地よいこと。美味しいものを食べて「あぁ、幸せ」、欲しいものを買って「幸せ」、娯楽、マッサージ、睡眠の「幸せ」などは、生活のなかで心と体の疲れを回復させてくれますが、それ自体では幸福感にはなりません。むしろ、快楽まみれの人生では、生きている実感がもてず、虚《むな》しくなるはずです。

本当の幸福とは、「欲を満たす」ことだけではなく、ときには「欲を抑える」ことでもあるのです。遊びたい気持ちを我慢して勉強をすること、自分のことを後回しにして子どもや親の世話をすること、孤高のなかで自分の作品を生み出そうとすることなど、そのプロセスのなかには、必ず〝成長〟と〝満足〟があります。

多くの人が実感するように、プロセスがつらく、長い道のりであるほど、それが報われたときの幸福感は深く、涙が出るほどの感動があるもの。いえ、結果だけでなく、「自分にもできるはず」と希望をもって進む、一瞬一瞬が幸せなのです。

そんな意味で、**それをやっている「自分を信頼できるか」「自分を好きになれるか」は、選択の判断基準。**迷うときは胸に手を当てて〝感情〟に聞いてみるといいでしょう。

人生は、優先したものから手に入るようになっています。

「自分にとってなにが幸せか」「なにを大切にしたいか」をわかって、それに優先的に時間をかけることは、自分の人生に責任をもつことになるのです。

人生の満足度は「優先すべきもの」を大切にしているかで決まります

15 「みんなと同じことをする」は、自信にはならない

ひとつだけでも誇れる〝オリジナリティ〟をもつ

世界をぐるりと一周、旅したとき、いわゆる発展途上国といわれる東南アジア、アフリカ、中南米の人びとの弾けるように生き生きとした姿に圧倒されました。

子どもの目はキラキラと輝いていて、自由に野原を走り回ったり、高い崖《がけ》から川に飛び込んだり、大笑いをしたりして、まさに「命がほとばしっている」という姿。大人も農業や大工、鍛冶屋《かじや》、魚屋など、それぞれの仕事を汗も拭《ぬぐ》うことなく、夢中でやっている姿は、本当に美しく、誇り高く見えました。

ところが、そんな田舎でも、あちこちに世界企業の工場ができて、そこで勤務するようになると、人びとの目から光が消えてしまうのです。

退勤時間の5時きっかりに、工場から同じ作業服を着てどやどやと出てくる人たちの顔は、ぐったりと疲れていて、とても自信がなさそうに見えました。

そして、数カ月後。帰国して、ちょうど帰宅時間の満員電車に乗っているとき、多くの人びとが、同じように気力も、自信も奪われているように感じたのです。

それはかつての自分自身の姿でもありました。

みんなと同じようにやっても、うまくできない。ほめられることはほぼなく、ダメ出しをされてばかりの自分に、すっかり自信をなくしていきました。自信がないから、人と同じことをして安心しようとするけれど、うまくいかない……という負のサイクル。

私が自信をもてるようになったきっかけは、それぞれの場所で「自分にしかできないこと」を探して、それを実行するようになったからです。

衣料品店の店長をしていたころは、上司から「ダメ店長」「男性店長と同じように重い荷物も自分で運べ」と言われて、できない自分を責めました。

でも、できないものはしょうがない。開き直って、接客や掃除に力を入れていたら、上司から「さすが、女性店長は違うね」と認められ、社内表彰もされるように。

そんなふうに、一つひとつの職場で、人とは違う〝貢献ポイント〟を見つけることで一目《いちもく》置かれて居場所ができ、自信もついていきました。

組織のなかで誇りをもって働き、まわりからも信頼されている人は、「この人にしかできない」という〝オリジナリティ〟をもっているものです。

秀でた能力がある人だけでなく、みんなの相談役になっている人、プレゼンテーションの資料作りがうまい人、飲み会の場所探しが得意な人など、自分ができることをやっていくうちに〝オリジナリティ〟はできていくのです。

オリジナリティとは「個性」、だれもがもっているものです。もともとの性質や独自の経験、好み、感性、ものの見方など「ちょっと変わってるけど、いいでしょ。それが私なんだから」と、その個性を好意的に認めて、伸ばしてあげることで、「自信貯金」も貯まって、堂々と自己表現ができるようになるのです。

あなたの「人と違う個性」を大切にしましょう。たとえそれが一見、ネガティブな要素だとしても。裏返すと「だから、できる」ということがあるはずです。

そして、人がどう思うかなんて気にせず、好きなこと、得意なこと、興味があることに、とことん熱中しましょう。「これだけは自信がある」というものをひとつもつと、ほかの欠点はあまり気にならなくなり、生きやすくなります。

また、**「人に喜ばれること」を大切にしましょう。**自分のよさは、努力しなくてもできているので、人に喜ばれるまでは意外にわからないものです。

「じつは、自分にしかできないことがあるのだ」と、ひとつでも自覚できれば、それを磨いてどんどん人の役に立ち、頼られるようになるので、「自分はどこにでもいる、ありふれた存在」という意識は薄れていくはずです。

また、日常生活のなかで服やインテリアを選ぶとき、本や音楽を選ぶとき、旅先を選ぶときなど、「これが好き」「これにときめく」など自分の心の声にしたがって行動することも、自分を肯定して、オリジナリティを磨いていくことになります。

「人と違うところ」は、すべてあなたの魅力になり、自信につながっていくのです。

オリジナリティを表現することで、むしろ生きやすくなります

16 みじめだと思っているかぎり、みじめにしかなりえない

「自分がなりたい最高の自分」をイメージする

東南アジアの市場で働く子どもたちを取材していて、子どもとは思えない能力に驚くことが多々ありました。6、7歳の子どもが土産物《みやげもの》屋で働き、英語、日本語、フランス語などで呼び込みや、簡単な会話をする。親が病気だと嘘をついて、巧みな演技で客から多めにお金をもらう。4、5歳の子どもが幼い兄弟を背中におぶって、慣れた手つきでフライパンをまわし、大量のチャーハンをささっと作る……。その堂々として自信に満ちた振る舞いに敬意を抱くとともに、複雑な気持ちになったのも事実です。

いいか悪いかは別として、まわりから子ども扱いされず、家族を養う大人の役割を求められてきたので、大人並みの能力が身についたのでしょう。

多くの子どもは、大人が自分をどんなふうに扱ったかで、自分の扱い方を決めるといいます。そして**大人になると、自分で自分をどんな人として扱うかで、他人からの扱わ**

れ方も決まります。

自分はどんな性格で、なにが得意で、なにが苦手で、どんな環境で生きていて、どれくらいの可能性があるのか……といった自分に対するイメージを〝セルフイメージ〟といいます。自信のある人たちは、間違いなく、高いセルフイメージをもっています。

プロのスポーツ選手が、小学校の卒業文集に「将来は全日本代表の選手になります。それくらいの練習をしているので、きっとできると思います」などと書いていることがあります。もちろん、能力やまわりに認められたことも関係していますが、当時からセルフイメージを高くもつことで、人生もイメージ通りになったのでしょう。

もし、「どうせ自分はレギュラーになれない」「だれからも認めてもらえない」「なにをやってもダメ」などとみじめな自分をイメージしていたら、みじめにしかなりえません。

ほかにもさまざまなセルフイメージがあるでしょう。**「なぜか運がいい自分」「人見知りの自分」「人に親切な自分」「怠け癖があるが、やればできる自分」……。**これらのイメージは良くも悪くも、過去の経験や思い込みでつくられたもので、不思議なほど、私たちはそのイメージ通りの反応、行動をとっています。

「私たちの現実は、セルフイメージ通りになっている」といっても過言ではないのです。

あなたは、自分に対してどんなセルフイメージをもっていますか？

「しまった。ダメな自分とか、稼げない自分とか、ネガティブなセルフイメージばかり」という人は、それを書き換える方法もあるので、安心してください。


【セルフイメージを書き換える3つの方法】

1 「どんな自分になりたいのか」、理想のイメージをもつこと
2 理想のイメージに合った、小さな〝行動〟を増やすこと
3 人間関係、住む場所、働く場所など環境を変えること

まずは、現状のセルフイメージとは関係なく、自分とじっくり向き合って「こんな自分になりたい」「こんな暮らしがしたい」といった理想の自分を見つけると、セルフイメージも変わってきます。たとえば「大人の言動でありたい」「シンプルな生活がしたい」などと自覚したら、見る視点や選ぶもの、発言、行動も変わってくるはずです。

つぎに、理想のイメージに合った〝行動〟を増やしていくこと。うまくいかなくてもくり返すことで、難しいと感じていたことも、少しずつ理想に近づいていきます。たとえば、「英語でビジネスをする」を目的にして英語学習を続けていれば、「初級会話ができる自分」「相手の話を理解できる自分」とセルフイメージは上がっていくでしょう。

3つ目は、思い切って人間関係や環境を変えること。「朱に交われば赤くなる」というように、人は周囲に影響されるもの。普段行く場所を変えるだけでも効果がありあます。私はどうしても叶えたい目的があるとき、自分の理想に近い人たちと交流したり、チャンスを得やすい場所に住まいを変えたりしてきました。すると、まわりに刺激を受けて動きたくなり、自分なりの方法も見えてくるのです。

セルフイメージとは案外いい加減なもので、「私は運がいい」「私は運が悪い」「やればできる」など、どんなイメージを信じるかは自分次第。信じればそうなるのですから、最高のセルフイメージをもてばいいのです。せめて自分だけは自分のことを肯定的にとらえ、とことん信じてみようではありませんか。

仕事も学びも、環境を整えてこそ、努力も効果を発揮するのです

17 「自信は心の問題。見た目は関係ない」の大きな間違い

自信がなくても自信があるかのように振る舞う

前項で、セルフイメージを変える方法を書きましたが、じつは、一瞬で効果的に変える秘策もあります。

それは、服装や髪型など〝見た目〟を整えることです。

「なんだ。そんなこと……」と思わないでください。**意外なほど、見た目は重要で、心理的な影響が大きく、人からも見た目で判断されるものです。**

あなたにもあるでしょう。

だらしなくて安っぽい格好をしているときは、人に会いたくないと思うこと。反対に、きちんとした、おしゃれな格好をしているときは、「今日はなかなかいい感じ」と自信をもって、堂々と人に会えます。

また、格好によって、まわりからの扱いがまるで違います。

私はパーティーに着物で行くと、話しかけてもらう確率がぐんと上がり、大抵は敬語で丁寧に扱ってもらえます。なにより、着るものによって、自分もしゃんとした気分になり、言葉遣い、振る舞いまでも丁寧に変わってくるのです。

人前に出るのに緊張するときは、まず見た目から整えて背筋を伸ばし、顔を上げて自信があるかのように振る舞いましょう。自信は私たちがまとうことのできる、もっとも品格のある衣装。表情まで変えて、数倍増しで素敵に見せてくれるはずです。

もうひとつ、私たちに自信を与えてくれるのは、〝言葉〟の力です。

私は、独学、経験ゼロでいきなり、カメラマンになったとき、まったく自信がない状態でした。が、クライアントから「料理の写真、撮れますか?」「建築写真の撮影って、できます?」なんて聞かれると、やったことがなくてもこう答えました。

「もちろん、できます」

クライアントを不安にさせないよう、落ち着いた声ではっきりと。

不思議なもので、「できます」と言ってしまうと、できてしまうもの。「前に撮ったやり方を応用しよう」「撮り方を本で調べてみよう」「カメラマンの先輩に聞いてみよう」「事前に練習しておこう」と、できる方法を集めて、なんとかするのです。

〝ハッタリ〟というのは、中身が伴わなければ不信感を招きますが、成長するためのステップとして中身も合わせていけば自信になり、まわりからも信頼されるのです。

また、**仕事や生活のなかで「自信をもちたい」「自信がなくなりそう」と感じるときは、自分に気分の上がる言葉をかけてあげるといいでしょう。**

「私ならできる」「私は運がいいから大丈夫」「奇跡を起こすには、自分を信じ抜くしかない」「私は○○すると決めた」など、ひとつの言葉をくり返し言い続けるのです。

言葉以上に自分に暗示をかけるものはありません。自信があるかのように振る舞っていれば、無意識はできる方法を探し、自信はあとからついてくるのです。

そして、3つ目。自信がないときに、手軽に実践できる解決方法が〝モデリング〟。

つまり、だれかをモデルにして真似をすることです。新しい職場で、先輩の電話応対や営業トーク、資料作成などを真似て、自信をつけていくことがあるでしょう。

同じように、尊敬する人、歴史上の人物、ドラマのキャラクターでも「あの人ならこうするだろう」と、なりきって振る舞うのです。

私は作家を志したとき、憧れの女性作家のエッセイをくり返し読み、同じような万年筆を使い、締切前は同じようにホテルに自主カンヅメになっていました。すると、不思議なほど、思考パターン、行動パターンも似てきたのです。

ほかにも真似したくなる人はたくさんいます。「こんなふうに笑って許せる人になりたい」「この人のシンプルな考え方や行動を取り入れたい」「こんなに自分を信じられる人でありたい」と。自分だけの参考書を作るように、いいと感じた部分は真似してみると、完ぺきでなくても「私なりにできる」と思えてきます。

「見た目」「言葉」「モデリング」は、「自信貯金」をチャリンと貯めていく有効な手段。「なりたい自分」に近づく小さな一歩は、次第に大きな自信になるのです。

自信とは習慣です。もっているように行動すれば、自然に身につきます

18 「やったことがないから不安」でも、自信はゼロではない

「初めてのこと」はとりあえず、やってみる

「新しいことをやろうとするとき、最初はワクワクして期待に胸を膨らませるのに、だんだん不安がわいてきて、結局、やらないで終わってしまう」という人は多いもの。試したことのないファッションや美容。初めてのひとりキャンプ。未経験のジムのプログラム。これまでと違う仕事の担当。まったく縁のなかった習い事……。

ほとんどの人が「新しいことにチャレンジしてみたい」「自分の殻を破りたい」「自分の可能性を広げてみたい」などと思うものの、一方で「でも……」と、期待と不安が入り混じった状態になるのではないでしょうか。

そもそも人間は生物的に、挑戦したい欲求があるといいます。

新しいことにワクワクして、見て、聞いて、触れて感動し、楽しくなると、脳内の快

楽物質〝ドーパミン〟がどんどん放出されて、またやりたくなります。
しかし、一方で、人間の脳は生き延びるために、不安要素に反応するシステムも備わっていて、大人になるほど先のことも予想できる。「やってみたい」と一瞬、期待でワクワクしてもその衝動は長続きはせず、「でも、面倒くさそう」「時間とお金の余裕もないし」「やっぱ、苦手かも」と不安が優位になってブレーキをかけてしまうのです。

未知なるものに飛び込むのは、だれでもいくらか不安なもの。ですが、根拠のない自信をもっている人たちは、「やったことがないことは、とりあえず、やってみよう」と、ワクワクが優《まさ》っている状態でやってしまう習慣があります。

すぐにやる経験を重ねていると、不安がらなくても大丈夫だと、経験的にわかってくるものです。

じつは私も「やりたいことは、すぐにやる」習慣があるので、小さなチャレンジならほとんど不安は感じません。難易度の高いチャレンジは不安もよぎりますが、**「期待半分、不安半分」くらいの状態でやったほうが、やる気も出て自信にもなる**のです。

ある心理学の実験では、「成功率が50％のとき、やる気はマックスになる」とか。仕事でも、ゲームでも学びでも「うまくいくかどうかわからないが、やってみるか」と、少しだけ高いハードルに挑戦するのが楽しいのです。

ある友人は、50人分の料理を作ったり、家を自分でリノベーションしたりして、「まわりの人が『できるわけない』ということをやってみせるのが好き」と言います。

〝大口〟の成功体験を重ねてきたために、「自信貯金」は巨額になって、つぎつぎに大きな挑戦ができるのでしょう。

「やりたいことをする」という習慣化のために、まずは一大決心をしなくてもいいような、小さな「初めてのこと」からやってみるといいでしょう。やりたいことが見つからない人にも、「初めてのこと」はおすすめです。

初めての道を通って帰る。食べたことのない料理を味わう。知らないジャンルの音楽を聴く。初めての人に会う。やったことのないレジャーや遊びを初体験するなどなど。やってみて初めてわかることは多いもの。「それはどんなものなのか」という情報だけでなく、「自分に合っているのか」「楽しいのか」「なにが魅力で、なにを嫌と感じるのか」と自分を知ることにもなります。これからの人生で、なにを選んでいくかの判断材料にもなって、自分のオリジナリティを深めていくことにもつながるのです。

大切なのは、「人生の食わず嫌い」にならないことです。

やってもいないのに「それは嫌い」「苦手」「ムリ」と言っている人は、たくさんのチャンスを逃しています。大人になると味覚が変わってくるように、好きになることもあるかもしれません。本当は興味があって、克服したいと感じている課題かもしれません。あえて苦手だと思っていることに挑戦することで、意外な展開になったり、大きな自信になるかもしれません。

ともかく、新しい扉を開けることで、新しい人生が待っているのです。

「新しいことをする」習慣は自信になり、人生を豊かにしてくれます

19 「人のためだけ」でも「自分のためだけ」でも自信になりにくい

「人が喜んでくれることが、自分の喜び」を目指す

自分がやったことに対して「だれかが喜んでくれること」は、もっともやり甲斐《がい》になり、もっとも自信になることです。

自分のためだけなら、そんなにがんばれなくても「あの人の嬉しそうな顔が見たいから」「みんなが喜んでくれるから」とがんばれることがあります。

たとえば、自分一人分の料理を作るときと、だれかのために作る料理は気合いの入り方が違います。その料理を食べた人から「美味しい～。さすがだね」とほめられたり、「ありがとう！」と感謝されたりすると、なんともいえない喜びに満たされます。

私も本を書いていて、ときどき読者からお手紙をいただくことがあります。

女子中学生から「本を読んで人に対する態度を少し変えてみたら、まわりの反応も変わって、びっくりしました」、90代の女性から「ひとり暮らしですが、一日一日を楽し

んで生きようと思いました」なんて言葉をもらえると、大げさなようですが「これまで仕事をしてきてよかった」と涙が出るほど嬉しくなるのです。

どんな仕事も、収入のため、自己満足や成長のためなど「自分のためだけ」ではがんばれないもの。**「だれかが喜んでくれる」「役に立っている」「家族のためになる」といった実感があってこそ、仕事への愛情や誇りになり、自信にもなっていきます。**

ただし、「人のため」「会社のため」「家族のため」と、まわりの要求に応えることだけで走り続けて、自分が置いてきぼりになると、無理や我慢をして心と体のバランスを崩してしまいます。

これは意外に深刻な問題で、知らず知らずのうちに会社の論理に流されてハードワークに陥っていたり、育児や介護の疲れで余裕がなく、自分を追い詰めてしまうこともあります。無意識に他人の期待に応えることが習慣になっていて、自分の期待が見えなくなっているから、苦しくなる。人は「他人のためだけ」でも、がんばれないのです。

いちばん「自信貯金」が貯まりやすいのは、「人が喜んでくれて、自分も喜べる」と

いう状態です。自分を犠牲にする感覚があっては、自信にならず、むしろ、不安や怒り、妬みさえわいてきて、自信も奪われていきます。

バランスを保つために大切なのは、「自分が選んでやっている」という主体的な気持ち。それがあれば、気持ちよくできる範囲に留めることができる。「これ以上はしんどい」と思うときは、少し距離を置いてほどほどにしたり、離れたりすればいいでしょう。「しんどいけれど、自分がやりたくてやっていることだから」と思えば、ストレスもさほど感じず、自分を信じて、乗り越えていけるのです。

本当の自信をもっている人たちに共通しているのは、人を喜ばせることが大好きだけれど、相手の反応は相手に任せているということです。

「喜んでくれたら、それでよかった」と、そこで自己完結。自分も〝満足〟というご褒《ほう》美《び》をもらっているようなものですから、「私ばかりがやってあげている」と見返りを求めることもありません。相手の反応が期待通りでなくても、「もっと努力を認めてくれてもいいのに」「もっと感謝してくれてもいいのに」などと不満に思うこともありません。

相手から「そんなお節介はいらない」と言われれば、「そっか。求めていないなら、しょうがない」と、あっさり引き下がります。

「自分になにかしてほしい」「自分を認めてほしい」「自分を愛してほしい」など、相手に期待を押しつけているかぎり、不満はついてまわり、自信も奪われていくでしょう。

相手の反応は、相手が決めることで、私たちはコントロールできません。

「縁の下の力持ち」とは、人のために陰で苦労や努力をする人をいいますが、仕事や生活のなかでは、認められないこと、報われないことも多くあります。そんなときこそ、誇りをもって力を尽くせる人は、相当な「自信貯金」が貯まっているはずです。

自信をもっている人は、人に期待を押しつけず、まず自分の期待に応えようとします。自分で自分を幸せにしようとする自立した気持ちが、頼ったり頼られたり、協力し合ったりする関係をスムーズにしていくのです。

やさしくなれないときは、自分への愛が足りないのかもしれません

第3章

ゼロをつくらないメンタル

気づいたら
「あきらめてしまわない自分」
になっている

20 平常心を取り戻す

うまくいかないときほど、「いまに集中する」

自信というのは、仕事がうまくいく、試験に合格するなど、プラスのことがあったときにつくものだと考えられがちです。が、むしろ、マイナスの状況のときにあきらめず、なんとか乗り越えて続けてきたことが、大きな自信になっているものです。

世界企業の創業者たちが、スピーチやインタビューで自分の成功よりも、失敗や挫折を語りたがるのは、そんな時期こそ成長できたという自負があるからでしょう。「悔しい」「負けたくない」「このままでは嫌だ」という自分への不満や、世の中に対する激しい怒りが、自分を突き動かして現状を変える強い原動力になることは多いものです。

困難は、人を強く、やさしく、賢く、謙虚にしてくれます。

私たちが「この人は信頼できる」と感じるのも、苦労知らずの人より、厳しい状況に陥っても腐らず、前向きに生きてきた人でしょう。とくに貧困や病気、家族の問題などハンディキャップを抱えながらも、自分の信じた道を歩いてきた成功者は、人としての器も大きいものです。つまり、**うまくいかないときほど、「自信貯金」は貯まるのです。**

ただ一方で、ちょっとうまくいかないことがあると、すぐに自信をなくしたり、あきらめたりする人もいます。

第3章では、難しい状況を進んでいくために、どんな考え方や行動をすればいいのか、不安や焦り、自己嫌悪などの感情とどうつき合えばいいのか、考えてみましょう。

たいへん厳しい経験をした人たちに、「どうやって乗り越えたのですか？」と聞くと、こんな答えが返ってきます。

「目の前の課題を片づけるのに無我夢中で、落ち込んでいる暇がなかった」

「まわりに助けてもらったので、あまり深刻にならずに進んでこられた」

「一瞬、絶望したけど、動いているうちになんとかなると思えてきた」

共通するのは、落ち込んでじっとしていたわけではなく、ともかく動き続けたということです。「淡々と」でも動いていれば、気持ちも前を向きますから。

私は何十年も前に、信頼している人に騙されて、経済的にも精神的にも大ダメージを受けたことがありました。「あの人のことが許せない」「私の見る目がなかったのか」とクヨクヨ考えるばかりで、なにも手につかない……。

家に引きこもっている私に、10歳以上年上の友人がこう言ってくれたのです。

「そんなときは『淡々と、淡々と』と言いながら日課をこなすの。顔を洗って、花に水をあげて、料理して茶碗を洗って……。騙すような人と縁が切れてよかったじゃない。だれも責めていないのに、自分を責めちゃダメよ。自分だけは自分の味方でいなきゃ」

そこで、なにもしたくないけれど、「淡々と、淡々と」と言いながら、掃除を始めたところ、熱中して大掃除になり、床までピカピカに磨いて、なんともいえない充実感。すると、「また稼げばいい」とばかりに新しいビジネスのアイデアがわいてきたのです。

大切なのは過去でも未来でもなく、いまに専念すること。「明るく元気に」などと思わなくても、動きながら、できるだけ気分が落ちないようにすればいいのです。

修行僧たちは、毎日、同じ時間に起きて掃除や読経などのお勤めをくり返すことで、心を整えます。また、スポーツ選手は、試合前のウォーミングアップなど、ルーティンを行うことで、環境や体調が変わっても、いつもの気持ちで試合に臨もうとします。

感情とは、過去の自分から生まれてくるものです。そんなふうに平常心を取り戻す経験を重ねていると、むやみに不安や焦り、怒り、虚しさなどの感情にとらわれず、目の前のことに集中できるようになります。

自分で自分のちょっとしたご機嫌をとることもおすすめ。甘いスイーツを食べる。入浴剤を入れてゆっくりお風呂に浸かる。お笑いライブを見る。逆に悲しい映画を観て泣くなど。どんな悲しみや怒りも長くは続かず、別な行動をすることで、簡単に感情は入れ替わるのです。ただし、買い物やお酒、ギャンブルなど、やりすぎると依存や自己嫌悪になるので、ご機嫌さを保てる〝プチギフト〟を。

いろいろあっても、「淡々と動き、いまに集中すること」「自分のご機嫌をとること」は、平常心を保ち、ブレない自信になっていくのです。

落ち込んだり、不安になったりするときは「心、ここにあらず」の状態です

21 ネガティブな感情とうまくつき合う

感情に振り回されなくなる方法

そろそろお気づきではないでしょうか。自分を信じて生きることは、ネガティブな感情とうまくつき合っていくことでもあります。

感情とは、私たちのなかにある別な生き物。たとえるなら、心のなかで怖がりの〝馬〟を飼っているようなもので、私たちの思い通りには動いてくれません。

怒りたくないのに、ついイラッとした態度をとってしまったり、泣きたくないのに、涙があふれてしまうことはあるでしょう。大事なイベントがあるときにかぎって、緊張で眠れず、当日はボロボロになってしまうこともあるかもしれません。

よくないことが起こると、感情の馬は大騒ぎをしたり、進めなくなったり、投げやりになったり、反対に攻撃的になったりします。感情に振り回されていては、いつもの自分を見失って、思い通りに行動できないばかりか、自信はどんどん奪われていきます。

私たちは、感情という馬の手綱をしっかりと握って、「大丈夫。心配しなければ、うまくいくから」と、理性的に進んでいく必要があるのです。「自信貯金」の邪魔をしているのも、恐れすぎてしまう〝感情〟といってもいいでしょう。

不安、怒り、悲しみ、焦り、寂しさなどネガティブな感情とのつき合い方は、「不安がってはいけない」「怒ってはいけない」などと思わないことです。

「そりゃあ、不安にもなるよね。でも、大丈夫」「怒りたくなる気持ちもわかる。でもね、短気は損気よ」というように、まず感情を認めたうえで、対処していくのです。

自分のなかに〝もう一人の自分〟をもって、外から自分の心を観察するといいでしょう。バカバカしいようですが、これは〝メタ認知〟といって、自分の感情や考えを客観視して制御する能力のこと。うつやストレスに対しても使われる心理療法です。

カーッとしたり、イラッとしたりしても、そこで感情に任せず、「あ、いま、ヒートアップしてる」と認めて、いったん休憩。瞬発的な感情は数分間、放っておけば収まるので、下手に動かないことが大事。深呼吸をして、数を数えたり、お茶を飲んだりしてやり過ごしましょう。今日の晩ご飯のメニューでも考えていればいいのです。

人は同時にいろいろなことを考えているようですが、一瞬一瞬はひとつのことしか考えられません。立ち上がった瞬間、晩ご飯のことが思い浮かぶと、感情は簡単に入れ替わり、すっとラクになるのです。

感情を抑えることができたら、「よしよし、よくやった」と自分をほめてあげてください。その瞬間、チャリンと「自信貯金」が貯まるはずです。

問題に対処していくためには、気持ちをラクにして冷静に受け止めることが大事です。そのために、いちばん効果的なのは、これもバカバカしいようですが、「もっと最悪のことを考えること」です。

たとえば、上司から叱られたら「まぁ、辞めさせられなくてよかった」、ミスをしたら「この程度で済んでよかった」、お金の不安があるときは「借金がないからなんとかなる」というように。といっても、問題から目を逸《そ》らすわけではありません。

悲観的になると解決策どころではなくなりますが、冷静であれば「なるほど。では、どうしましょうかね」と問題にちゃんと向き合うことができ、よりよい解決方法も見つかるのです。

私は、車を壁にぶつけても「あら、人にぶつけないでよかった」、旅行先で盗難にあっても「命まで取られないでよかった」と最悪のことを考える習慣があるので、大抵のことは、笑って対処できます。締切まで「あと3日しかない」と思っても、「いやいや、まだ3日もあるじゃないか」と考える癖もあるので、あきらめずに取り組めます。

「自分でなんとかするしかない」という思いが、感情と問題解決を切り離して考える習慣になっているのかもしれません。

「うまくいかないときほど楽観的になる。うまくいっているときほど気をつける」は、身に染《し》みて実感している教訓です。

ネガティブな感情になってもいいけれど、それに振り回されないよう、〝もう一人の自分〟をもって、冷静に、賢く対処していこうではありませんか。

「悲観主義は気分に属し、楽観主義は意志に属する」といわれます

22 コントロールできることだけに集中しよう

変えていけることと、変えられないこと

積極的になにかに挑戦したり、毎日が充実して、明るく元気に生きている人は、傍から見ると「あの人はきっと自分に自信があるんだろうな」「きっと悩みなんてないんだろうな」なんて思われるものです。

しかし、日々の生活のなかで、だれもがなにかしら問題に直面します。どんなに人徳者の僧侶でも、優れたエリートでも、才能のある芸術家やスポーツ選手であっても、です。

問題はだれにでも起きるもの。だけれど、それにあまり足をとられない人と、つまずいてなかなか立ち直れない人がいるのは、どうしてなのでしょう。

それも、〝感情〟が大きく関係しています。

イライラしたり、クヨクヨしたりしたとき、多くの人はその感情に支配されたまま。

「どうして、私はミスばかりしてしまうのか。私のなにが悪いのか」「どうして、あの人は忙しくないはずなのに、メールの返信をしてこないのか」などと、発展性のないことをぐるぐる考え続けて、心も体も、時間までも消耗しているのです。

感情にとらわれない人は、イライラ、クヨクヨすることがあっても、「今回ミスした部分を、つぎは気をつけよう」「メールの返信がないなら、こちらから電話してみよう」と、自分がコントロールできることだけに集中して、シンプルに解決します。

結局のところ、仕事でも生活でも、人間関係でも、**他人や過去のことにとらわれず、自分のエネルギーを、やるべきこと、やりたいことに集中して進んでいく習慣が、自信になっていく**のです。

少し整理してみましょう。私たちが直面する問題は、つぎの2つに分けられます。

●**変えていけること：いまの自分（言葉、行動、考え方、感情）**

●**変えられないこと：他人のこと、過去のこと**

つまり、私たちがコントロールできるのは、「いまの自分」だけ。過去のことは変えられないし、未来のことはどうなるかわからないから考え過ぎてもしょうがない。

他人のことも、他人に任せるしかありません。ただし、こちらの接し方を変えることで、いい影響を及ぼして、相手の態度が変わってくる可能性は大いにあります。

こんなふうに頭を整理するために、おすすめしたいのは、いま考えていること、感じていることを書き出すことです。

たとえば、なんだかモヤモヤしているとき、紙とペンを用意して、「仕事が多すぎてどうにかなりそう」「私のSNSに書かれたコメント、引っかかるなあ」などと正直な気持ちを書きなぐり、モヤモヤの正体を〝言語化〟してみるのです。

これも21項で紹介した〝メタ認知〟の方法のひとつ、〝ジャーナリング〟です。

多くの場合、原因や対策など考えることなく、ただなんとなくモヤモヤしているもの。**その原因がハッキリと言葉になると、「削れる仕事もあるのではないか」「人が言っていることは気にしなくてもいいか」などと、自然に解決しようとするのです。**

そのときは、先に挙げた「コントロールできること：自分」「コントロールできないこと：それ以外」という仕分けをすることを忘れずに。

プロ野球のある監督が、〝スランプ〟について、こんなことを言っていました。

「（精神的なスランプから抜け出せないのは）根本的な原因は、食事や睡眠など基本的なことにあるのに、それ以外のところから原因を探してしまう」

スランプとは、これまでできていたことが、急にできなくなること。自信をなくして、環境や人のせいにしたり、自分の能力や資質のせいにして、どうにかしようとしても、大抵は焦るばかりでうまくいきません。

うまくいかないときこそ、自分を信じ抜くことが大事。体調を整えて、やるべきことをやって「普通にやれば、大丈夫」と信じて臨めば、うまくいくのです。

難しいことではありません。自分がコントロールできることだけに集中する習慣をもつことで、余計なことに振り回されず、平常心で進んでいけるのです。

変えられないことにこだわると時間も自信も奪われます

23 コンプレックスが足かせになる人、バネになる人

コンプレックスと仲良くするヒケツ

婚活の会社で働いていたとき、会員さんから「じつはコンプレックスがあって、これまで恋愛に積極的になれなかった」という声を聞くことがありました。

ある女性は、色白でやさしそうな雰囲気。なのに、本人は「太っているから、自分なんかが好かれるわけがないと思ってしまう」「以前、フラれたことがトラウマで……」などと言うのです。

他人から見ると「そんなこと、気にしなくてもいいのに」「むしろ、そこがいいのに」「フラれたのは、太っていることが原因とはかぎらないのでは……」などツッコミどころ満載でも、本人にとっては重大なコンプレックス。気になり出すと、その一点ばかりが諸悪の根源のように感じられて、視野が狭くなっていくのです。

でも、あえて厳しい書き方をすると、「コンプレックスがあるから〜できない」とい

うのは想像力の欠如。コンプレックスがあっても、幸せな恋愛も結婚もできる人はいるし、メイク、ファッション、習い事などせっせと努力して魅力的になる人もいます。**コンプレックスを言い訳にして、やりたいことをあきらめてはいけないのです。**

では、私たちはどんなふうにコンプレックスとつき合っていけばいいのでしょう。

そもそもコンプレックスは、どんなに完ぺきに見える人でも、多かれ少なかれ、なにかしらもっているもの。この世に自分一人しか存在しなければ、人と比べることもなく、長所も短所も意識することはありません。が、私たちは、子どものころから比較癖がついていて、「背が低い」「顔が大きい」「運動が苦手」「字が汚い」、大人になっても「収入が低い」「人間関係を築くのが下手」「恋愛経験が少ない」など、コンプレックスに感じることがあるのは、ごく自然なことです。

しかし、だからといって「自信がない」「自分が嫌い」というのは別問題。「それでもいいじゃない」と肯定できる人は、短所も長所も全部ひっくるめて自分の〝個性〟として認め、やりたいことをやってきた人ではないでしょうか。

世界の偉人たちには、容姿や病気、障がい、貧乏、学歴、いじめなどで、子どものころから劣等感をもっていた人が多いものです。

「私はダメな人間ではない。私にもやれることがあるのだ」と自信をもちたくて、まわりの人にも認めてほしくて、劣等感をバネに努力し続けてきたのです。

ある世界的な漫画家は、「劣等感や怯《おび》えがあったから、続いたともいえる」と話したとか。どんなに成功しても、自信とともに劣等感、危機感ももっていたから、それを補おうと走り続けてこられたのかもしれません。

コンプレックスが足かせになって人生をあきらめてしまう人、コンプレックスをバネにして人生を手に入れていく人。当然、後者のほうがパワフルで魅力的でしょう。

そんな人は、最初は自信がなくても、「もしかしたら、私にもできるかも」と動くことで自信をつけていきます。**悪いことはしていないのですから、卑屈になることはなく、本来は堂々と胸を張っていいのです。**欠点と思うことも、自分にしかない個性であり、強み。むしろ、「私だからこそ、できる」ということが、必ずあるのです。

自分の欠点と仲良くするヒケツは、「それを改善するか、受け入れるか」しかありません。容姿コンプレックスであれば、整形やダイエット、メイク、ファッションなど、さまざまな改善方法があるでしょう。ただ、それである程度の自信を得ても、どこかで「受け入れる」という考えをもたないかぎり、どれだけやっても不満はあり、ますます固執するようになります。

それに多くの〝個性〟は、変えようとしても変えられないもの。欠点をなくそうとしたり、隠そうとしたりするよりも、それはひとつの魅力や味わいとして「この自分になにができるのか」と、痛快なストーリーを考えたほうが楽しいではありませんか。

私には他人と比較した劣等感ではなく、「こうありたい」という自分の理想と現実のギャップによる劣等感がつねにあります。「理想にはほど遠い。でも、いつかそうなれるはず」と思う感覚は〝のびしろ〟であり、けっして悪くない。明るい希望をもつことで、コンプレックスの痛みは吹き飛ぶのです。

もって生まれたもの、いまもっているものを、とことん愛そうではありませんか。

欠点は振り回されるものではなく、利用するものです

24 どうしても受け入れられないものがあるとき

失敗が糧《かて》となるか、傷となるかの違いは？

過去に失敗をしたり、他人に傷つけられたりして、自信をもてなくなった。いまもなにかあると、臆病になってしまう……という人は少なくありません。

しかし、一方で、そんな経験があったからこそ、逆に強くなれた、「また同じようなことが起こっても、うまく対処できるから大丈夫」と自信に変えていく人もいます。

つらい経験が心の傷となるか、糧となるかの違いは、一体なんなのでしょう。

簡単にいうと、起こった出来事を「どう解釈するか」の違いなのです。

過去は変えられない。けれど、過去の解釈は変えていけます。

「その出来事が、自分にとってどんな意味があるか」は、自分で決めていいのです。

これまで、うまくいかないときは、コントロールできることだけに集中する。それ以外のことは受け入れて進むというお話をしました。

それでも、受け入れられないことがあるなら、その出来事に意味を見つけるのです。

たとえば、自分が犯してしまった大きな過《あやま》ち。自分のミスから他人に損害を与えてしまった、大切な人にひどいことを言って悲しませた、人の信頼を裏切った、借金をつくってしまった……。もっと深刻な過ちもあるかもしれません。

思い出すたびに自分を責め続けている人もいるでしょう。

そんなときは、無理に受け入れることも、無理に肯定する必要もありません。

ただ、ひとつだけでも、その出来事に意味（＝自分のためになっていること）を見つけるのです。「もう二度とあんなことはしないと心に誓った」「信頼を回復するためにがんばった」「必死で借金を返したことが自信になった」「自分を許すことを覚えた」など、「あれがあったおかげで……」をひとつでも見つけられたら、心の痛みはいくらか和らぐはずです。

トップアスリートの多くは、試合でミスをしたり、ボロ負けしたりしても、「ミスや負けがすべてマイナスではない」と解釈して、気持ちを切り替えるといいます。

このときに大切なポイントは、失敗の要因を、運や自分以外の他人などのせいにしないこと。なにかのせいにしていると、気持ちの整理も学習もできず、ミスを何度もくり返してしまうのだとか。

一流の選手は「自分がこう動けば、ミスを防げる」「つぎはここに気をつければ、改善できるはず」と自分の学びにします。ケガをして一瞬落ち込んでも「ケガのおかげで、まわりに感謝することが増えた。それが今後の活動にも役立つ」などとプラスに考えます。そんなふうに気持ちを立て直して、自分を信じ抜くことができれば、逆転のストーリーに転じるのです。


また、他人から受けた傷が、いまだに癒えなかったり、「あの人のせいで、メンタルが崩壊した」と恨んだりしている人もいるでしょう。

しかし、〝あの人〟がいまの自分に襲いかかって傷つけているわけではありません。

いまの自分を苦しめているのは、「あの人のせいで」という〝過去の解釈〟です。

どんな出来事にも「あれがあったおかげで……」という意味はなにかしら見つかるもの。「関わってはいけない人だとわかった」「自分のことが少しわかった」「人に傷つけられたが、一方で人のやさしさに救われた」など、**自分にとってなにかしら意味があるとわかれば、感情はあとからついてきて、時間が薬となって作用してくれます。**

それにトラウマなどの深い心の傷は別として、チクリとする心の傷は、胸にしまっていてもいいではありませんか。そんな傷が心の奥にあるから、謙虚になれたり、慎重になったり、人にやさしくなれたりするのです。

過去の出来事に対して意味を見つけることが、〝とらわれない習慣〟になり、心の器を大きくしてくれます。これが、いつまでも立ち直れない人、糧にして進む人の大きな違いです。

私たちは、自分で解釈も感情も選ぶことができることを忘れないでください。

心が傷つくのは、あくまでも一時的なことです

25 むやみに心配しない人が知っていること

将来への漠然とした不安とのつき合い方

「将来に対して漠然とした不安がある」という人は多いものです。

「老後のお金は足りるのか」「非正規社員のままで生き抜けるのか」「結婚できないんじゃないか」「孤独死するんじゃないか」「家族が病気になったら……」というように。

不安とは、なにかしら〝危機感〟があるからわいてくる感情。「もしかしたら、ちょっと危ないことになるかも。気をつけて！」という、危険察知アラートのようなものなので、それ自体が悪いわけではありません。

漠然とした不安にとらわれて、〝妄想〟をモヤモヤと抱えたまま、現実的な対策をとることもなく、いまを楽しめないことがよくないのです。

そもそも、どうして将来のことが不安になるのかというと、人は不確定なもの、自分の意思で制御できないことに対して、恐れを感じる生き物だからです。将来というものは、どんな人もハッキリとは予測できないので、多かれ少なかれ不安はあるもの。

パンデミックが起きたとき、将来の不安を強く感じた人が多かったのは、先が予測不可能なことに加えて、家族や同僚と離れて孤独になったり、じっとしているヒマな時間が増えたことが影響しているともいわれます。

逆に、コミュニケーションがとれる環境で人のぬくもりを感じたり、忙しく動き回って前に進んでいることを実感したりしていると、不安は薄らいでいきます。

不安というのは、基本的に〝妄想〟なので、健康を害したり、トラブルが起きたり、人になにか言われたりするだけで、大きくなったり、小さくなったりするもの。だから、根本的な解決策として、「なんとかなるだろう」と思える「自信貯金」を貯めておく必要があるのです。

ここでは、そんな「自信貯金」を貯めながら、**【将来の漠然とした不安を解消する方法】**について4つご紹介します。

1　具体的な原因と対策を考えて、いまできることをする（ジャーナリングが有効）

2　長期的に「経済力」「生活力」「精神力」の底上げをする

3　ある程度やってみて、〝見通し〟を立てる

4　先のことは、先の自分に任せる

漠然とした不安にとらわれない人は、「漠然としたまま」では根本的な解決にならないことを知っていて、具体的な解決策を見つけようとするものです。

これには、先にも紹介したジャーナリングがおすすめ。紙に「老後のお金が不安。毎月いくらで暮らせる？　老後も働ける？」など、感じていることや疑問点を書き出してみるのです。問題がわかれば、「とりあえず、毎月〇万円、貯金をする」「投資信託について調べてみる」など、〝いまできること〟も見えてくるはず。それをひとつでも実行するのです。動いていれば、不安は解消されてくるものです。

また、長期的に考えて「経済力」「生活力」「精神力」を底上げしていくことも、具体的な解決方法になります。貯金がなくても、自力で稼ぐ経済力、自分で料理したり節約をして少ないお金で暮らす生活力、それを楽しむ精神力があれば、さほど不安にはならないでしょう。健康を維持することや、安心できる人間関係も、心の健康を保つうえで大切なことです。自分に欠けている部分を自覚して、それをカバーできる力をつけていくと、結果的にそれが自信になっていきます。

そんなふうに将来を見据えて、具体的に動いていれば、「なんとかなる」という見通しもできてくるもの。**この見通しこそが、自信。**中高年は「定年後の生活やお金のやりくりが見えてきた」「地方に移住してもなんとかなりそう」、若い人でも「副業が軌道に乗ったら本格的に起業しよう」というように、明るい展望が見えてくるはず。

そして、「先のことはわからないから、先の自分に任せる」と思えることがいちばんの自信。将来の自分を「まぁ、なんとかなるでしょう」と信頼できるということですから。

将来を悲観せず、希望をもって、いまできることをする。一日一日を楽しむ。その先にある未来は、けっして暗いものではなく、きっと最高のものであると思うのです。

自分の価値と能力を信じられるほど、将来への不安は解消されます

26 どんなに好きなことでも、刺激がなくなると飽きる

継続の大敵「飽きる」という感情を乗り越えるには

趣味でも学びでも、なにかひとつ「これだけは続けている」というものがあると、自信になるものです。ただ、継続するのは、本当に難しい。最初はやる気満々で、道具までしっかり揃えて、しばらくは熱中していても、数カ月も経つと、だんだん飽きてきてやめてしまう……という経験は、だれもがあるのではないでしょうか。

そう、この「飽きる」という感情こそ、継続の大敵。一瞬でできる小さなことであれば、数週間もやれば無意識に習慣にできるものですが、語学の学習や料理教室、楽器、絵画、スポーツ、ジムのトレーニング、家庭菜園などなど、時間も手間もかかるものは、なかなか続きません。人間の脳はどんなことに対しても、慣れて刺激がなくなると、別の刺激を求めるようにプログラミングされているのです。

どんなに好きな料理でも、毎日食べると飽きて、ほかのものが食べたくなるのは、自

然の成り行き。だからこそ、リスクを覚悟で冒険や挑戦に飛び込めることもあります。

じつは私も、長い間、この性格と葛藤してきました。比較的、熱しやすく冷めやすい性格で、子どものころから習い事も部活動も、何年も続いた試しがない。仕事も最初は熱中した仕事ほど、冷めるのも早く、50職種以上、やってきたのです。

「飽きやすいということは、変化できること」と開き直ってからは、飽きることにためらいがなくなり、つねにワクワクすることを追い求めてきました。

しかし、「文章を書くこと」と「写真を撮ること」は数十年、なんとか続いているので、いくらか自信になっていることは間違いありません。

ここ最近では、スポーツジムでのトレーニングや笛の練習を、しばらく続けたいと考えて、あの手この手で飽きない工夫をしています。

そう、継続のためには、飽きない工夫、楽しめる工夫が必要なのです。

【飽きないための工夫】とは、つぎの4つがあります。

1　少しだけ目標のハードルを上げる

2　続けやすい環境をつくる

3　一緒にやれる仲間をもつ

4　インプットとアウトプットを同時に

慣れてしまうのは、それが「簡単にできてしまうこと」になって、喜びを感じにくくなるからです。がんばった結果、ようやく手に入るから、喜びがあるのです。

まずは、飽きないために、目標とするハードルを少しだけ上げてみるといいでしょう。〝少しだけ〟がポイントで、高すぎるハードルはプレッシャーが大きく、嫌になります。

たとえつまらない作業でも、なにか面白い目標を設定すると、夢中になれるもの。それを達成することに喜びを感じて、続けやすくなるはずです。

つぎに大事なのは、続けやすい環境をつくること。私は病気のリハビリに水泳をしようと考えたときは、プールのあるスポーツジムのとなりに引っ越したほど。いまは、伝統楽器の笛を練習しているので、いちいちしまうのではなく、目につくところに置いて、気が向いたらすぐに手にとり、吹けるようにしています。

時間と手間、お金をかけない環境をつくるのは、継続のヒケツです。

また、一緒にやる仲間がいると、その存在が刺激になって、上達のスピードが速まるもの。喜びを共有したり、会話が盛り上がったりして、楽しくなってきます。ただし、互いに自立した関係でないと、面倒なことも増えるので、ほどほどの距離感が大事。

最後に、趣味や学びを続けたいなら、それを活用したり、発表したりする場は必要。たとえば、茶道を習うなら、ときどきお茶会に参加したり、学んだことをSNSなどで伝えたり。WEB制作を学びたいなら、並行して実際に制作したほうが、学ぶべきポイントがわかり、吸収しやすいもの。学びをインプットしてから、実践としてアウトプットするのではなく、先にアウトプットする場をつくるから、必然的にインプットも生まれるのです。

なんでも続けていくためには、楽しむ工夫が必須。「楽しめる」というのは、ひとつの才能であり、だれでも磨いていくことができるのです。

なんでも楽しもうとする気持ちが、才能と自信をつくります

27 回り道を楽しめる人は、どんなことになっても大丈夫

喜びを感じる力、面白がる力を磨く

失敗しないように生きるより、失敗をよしとして生きるほうが、自信になる……。

そう教えてくれたのが、デンマークの教育でした。

「世界幸福度」「世界競争力」のランキング上位の常連であるデンマークを訪ねたとき、幼稚園児から若者まで自信に満ちて、大人にもハッキリと意見するのに驚きました。

学校の教育方針は「幸せ第一主義」。そのためには、失敗をOKとすること、得意を伸ばすこと、自分のペースで生きることなどをモットーとしています。

失敗するのは、挑戦したから。そのつど、学びがあり、人としてもパワーアップするのだから、どんどん失敗しようという考え方です。

幼稚園では、園児がなにをして遊ぶかを決め、小学校に入る時期も自分で決める。小学校からは、どう学ぶかを自分で決め、8割以上がストレートに大学に行くのではな

く、どこかの段階において専門学校で興味のあることを学んだり、アルバイトをしたりとさまざまな経験を積む〝ギャップイヤー〟をとるといいます。

つまり、**「人は人、自分は自分」の自立した考え方や、迷い道、回り道を積極的にしようとすることが、自信になっていくのだと納得したのです。**

もちろん、文化や制度の違いがあり、そんな教育が私たちにすべて馴染《なじ》むわけではありません。日本は、再就職や転職、学び直しなど、セカンドチャンスのハードルが高いことも、失敗を怖がらせる要因でしょう。

しかし、そろそろ、人と違うことに自信をなくす時代ではなくなっているようです。そもそも多数が行く「普通の道」も思い込みにすぎないのです。

私自身、新卒で入った会社を半年で辞めて、アルバイトをしているとき、「王道から外れてしまった」と、ものすごい敗北感、劣等感を覚えました。

会社の名前や役職、資格があることこそ、その人の価値だと勘違いしていました。いまは、そんなものに頼らなくても生きていける人こそ、本物だと感じます。

私が劣等感から解放されたのも、**「人は人、自分は自分。自分の幸せに責任があるのは自分だけ」と、〝ひとり旅〟をする感覚で生きるようになったからです。**

自分の気持ちに正直であろうとすると、生き方が違ってくるのはあたりまえ。「だれになんと言われようと、自分が幸せならいいではないか」という自立心と〝納得感〟があれば、どんな状況でも、みじめだと思うことはありません。

幸せであるのも、不幸であるのも、本人の感じ方次第。私は不遇な時期をくぐり抜けたからこそ、喜びや楽しみを見つけたり、面白がったりするのがうまくなったようです。

お金がないときは、節約生活を楽しみ、孤独なときは、いつも音楽に慰められていました。病気をして動けないときは、さすがに気分が落ちましたが、まるで他人《ひと》ごとのように「人間の体って正直だな」などと体の仕組みを面白がったり、「病気をしないとわからないことって多い」と学びにしたりすることで、あまり深刻にならず、笑って過ごせていたのです。

うまくいく自信がなくても、「うまくいかなくても楽しめる自信」はありますから、挑戦することに、ためらいがないのです。

「うまくいかなくても楽しむ」ためには、単純なことですが、笑って過ごすこと。ひとりでいるときも顔を上げて、鼻歌でも歌うようにご機嫌に。ほかにも、なにかできることを見つけて熱中すること。だれかとおしゃべりをすること。公園の木々に癒やされること。ときどき、ぜいたくな時間を味わうこと。そして、「10年後は望んだものを手に入れて、いまの生活を懐かしく思い出すだろう」などと楽観的に妄想すること……。**楽しめることはいくらでもあります。**

幸せとは、なるものではなく、感じるもの。成果や評価を追い求めるだけではなく、それに至るまでのプロセスの一瞬一瞬のなかに幸せがあるとわかれば、心に余裕をもって、ご機嫌に歩いていけるはず。そして、どんな状況でも、いい感情を味わい、明るく生きている自分を誇らしく思えたら、それが本当の〝自信〟というものです。

幸せか不幸かは、だれでもなく、自分自身が決めることです

28

「手放すこと」は怖くない

「なんとかなりそう」と思うだけで十分

自信のある人は、なんでも意欲的で行動力があり、欲しいものをつぎつぎに手に入れていくイメージがありますが、じつはそうともいえません。

人間はそんなに万能ではありません。「手放すこと」ができるのも、ひとつの自信。本当の自信がある人は、「これ以上、抱えるのはしんどいな」「それはなくても大丈夫」というときは、自分から手放します。

なにかを得ることよりも、心が安定していることが幸せの基本だとわかっているからです。**心が不安定だと、賢明な選択をすることも、いまを楽しむこともできません。**

一方、自信のない人は、手放すことが苦手です。

たとえば、仕事が多すぎて疲れ切っていても、「みんなの期待に応えなければ」「結果を残さなければ」「収入を増やさなければ」ととらわれ、それができない自分は価値がない、認められないと思い込んでしまうのです。

その結果、評価や収入を得ることができても、体を壊したり、家族との時間を犠牲にしたり、同僚の手柄を横取りしたりして、なにかを失うことになってしまうのです。

本当の自信がある人は、大切なことのために仕事をセーブするし、喜んで同僚に花を持たせます。それが自分で自分を好きでいられる選択だからです。

なにかを手放せば、なにかを得られるようになっています。

たとえば、「いまの恋人をぜったいに失いたくない」と思っていても、相手から別れを告げられることもあるかもしれません。

自信のない人は「そんなの許さない」といつまでも執着したり、すがりついてみじめな気持ちになったりすることもあるでしょう。

大切だと思っていたものを失うことを考えると、激しい痛みがあるものです。

しかし、相手に気持ちがなくなったら、追いかけても関係が戻るのは難しいものです。

自分を信じられる人は、現実を受け入れて進もうとするでしょう。

すると、ぽっかりと空いた心の穴に「前からやりたかった習い事をしてみよう」「婚活でもしてみようかな」など、新しいことが入ってきます。

執着していたものを手放してしまえば、最初は嘆き悲しんでも、不自由さを感じても、だんだん慣れてきて、「意外に大丈夫かも」と気づくはずです。

自信満々でなくても「なんとかなりそう」と思うだけでいいのです。**「なんだ。なくても大丈夫」「むしろ、なにかが得られる」**という経験が増えていくと、失うことをむやみに怖がらず、自分の道を歩いていけるはず。

それが私たちを支える「自信貯金」が貯まっているということなのです。

また、私たちがイライラ、モヤモヤしているとき、なにが心を曇らせているのか、心のなかをのぞいてみるといいでしょう。

一つひとつ考えてみると、なにか執着しているものがわかり、意外と手放せることに気づくはずです。

欲の象徴であるお金、持ち物、財産。しがみついている過去の栄光、必死に保とうとしているプライド、依存している人間関係、正しいと思い込んでいる常識……。本当はいらないのに、いつまでも執着していると、心を不自由にしてしまいます。

ほかにも「いい娘（息子）でなければ」「いい母親（父親）でなければ」「いい部下でなければ」「いい友人でなければ」と、だれに対しても〝いい人〟であろうとして疲れてしまったら、「たまには期待に応えなくてもいいか」と手放してもいいのです。

どんなに執着しているものでも、一生もち続けていることは難しく、最終的にこの世を去るときはもっていけないのです。

いざというときに、「いらない」と手放せるか……。

「なくても、なんとかなるか」と心の片隅でちらりとシミュレーションするだけでも、心の器がちょっと大きくなって、自分がタフになったように感じるはずです。

執着を手放すと、心と時間の余裕が生まれて、やさしくなれます

第4章

「今日はひと言話すだけ」でいい

こうすれば、
人間関係の「自信貯金」は
増えていく

29 〝恐れ〟を捨てれば、自信になる

人って案外、やさしいもの

人間関係にも「自信をもっているかどうか」は大きく影響します。

自信をもっている人は、ためらうことなく声をかけたり、積極的に人の輪に入っていったり、堂々と自分の意見を言ったりしているように見えます。

そんな人を見て「自信のある人はいいなあ」と羨ましく思うこともあるでしょう。

一方で、自信のない人は、ひと言、声をかける勇気もなかなかもてません。

たとえば、職場で「わからないことを聞けない」という人は意外に多いものです。「そんなことも知らないの?」と否定されるかもしれない、バカだと思われるかもしれない、冷たくされて傷つくかもしれないなど、相手の反応が怖くて、言い出せない。人に対する〝恐れ〟があるから、自信をもてないわけです。

〝恐れ〟というのは、自分を守ろうとするから生まれる感情。**ですが、ほとんどの場**

合、恐れる必要がないのに恐れているのです。

この〝恐れ〟という感情に振り回されて、人間関係はギクシャクします。相手の言動にイライラすること。余計なひと言に傷つくこと。相手に見栄を張ってマウントをとること。卑屈になっていじけること。嫉妬して足を引っ張りたくなること。余計なお世話を鬱陶《うっとう》しく感じること……。これらの感情の根っこには、相手を脅威と感じる〝恐れ〟があるもの。ですが、攻撃されているわけでも、命を脅《おびや》かされているわけでもありません。

つまり、勝手に人を怖がって、勝手に傷ついてしまっているのです。

これでは「自信貯金」が貯まるはずはなく、借金が増えて臆病になるばかりでしょう。

ここで質問です。

あなたが人間関係で「自信をもてた」というのは、どんなときですか？

じつは、人が自信をもつのは、人からほめられたり、みんなと仲良くできたりしたときだけではありません。

たとえば、ギクシャクした家族に自分から謝ったとき、家族の過ちを笑って許せたときなども、心が広くなったようで自信がもてるはずです。

苦手だと思っていた人と話してみたら、意外に楽しかったとき。「髪、切りました？」と気づいてほめたら、喜んでもらえたとき。共通の話題で盛り上がったとき。感情的に攻撃するのを堪《こら》えたとき……。そんな「あぁ、よかった！」と気持ちのいい体験をしたときに、「自信貯金」はチャリンと貯まります。

そんなとき、**「人って案外、やさしいな」とか「そんなに怖がらなくてもよかったんだな」**というように、恐れが薄らぐと同時に、相手のことが少し好きになれるはず。

〝恐れ〟がなくなると、自然に〝愛情〟と〝信頼〟がわいてくるのです。

「自信貯金」の貯め方については、これまでもお伝えしてきました。基本として、自信があるから、行動するのではなく、行動するから、自信は生まれる。

人間関係も同じ。「自分から」「一歩進むこと」で人間関係が少しだけよくなったとき、人はほっと安心したり、喜びや楽しさを感じたりして自信をもちます。

自信をもつために、人に認められたり、好かれたりする必要はありません。

今日は、ひと言、自分から話すだけでいいのです。

たとえば「おはようございます。今日はいい天気ですね」と、挨拶にひと言加えるだけでも、相手からの反応はよくなり、「久しぶりに晴れましたね」などと返ってくる可能性大。そっけない対応の人がいたとしても、いい反応の人のほうが圧倒的に多いはずです。

ほかにも、会話のなかで名前を呼んでみる。相手の話をよく聞く。あたりまえのことにも「ありがとう」を伝える。なにかしてもらったら素直に喜ぶ。わかりやすい言葉で話すなど、人間関係が「ちょっとよくなること」は、たくさんあります。

そんな小さな行動が、自分を信頼して、人を信頼することになっていくのです。

まず自分の期待に応えることが、自信の基本です

30 自分から「与える」と自信になる

見返りよりも、自分の気持ちを大事にする

「ギブ・アンド・テイク」という言葉があります。

「まず、与える。すると、与えられる」というビジネスでよく使われる考え方ですが、人間関係は見返り（テイク）をあまり期待せずに、「あなたが喜んでくれたら、私も嬉しい」と、与えること（ギブ）だけで完結したほうが、うまくいくのです。

自分を信頼している人は、仕事を手伝ったり、小さなプレゼントをしたり、だれかを紹介したりと、「自分が好きでやっているから」と気軽に与えることができます。

お金や時間や手間など、少々損することがあっても、「喜んでもらえてよかった！」という満足と、**「私は与えることのできる人間なのだ」という自尊心が、自分の価値を引き上げてくれ、精神的には得をする**ことがわかっているからです。

ところが、多くの人は「与えるだけ」ができません。与えてばかりだと「私はこんな

にやってあげているのに」と損をした気持ちになってしまうのです。

恋愛関係は別として、これには、幼児期から刷り込まれた「人に愛されないと価値がない」という思い込みと、自信のなさが関係しているようです。

「相手に喜んでもらえるだけでいい」という習慣がなく、「愛されるために人を喜ばせる」という習慣が染み付いている人は、愛されることは生きていくための必須条件。つまり、与えるのは、相手のためではなく、自分のためなのです。

しかし、相手からの見返りを期待していると、他人の対応に不満になったり、自信をなくしたりして、結局は自分を傷つけることになってしまいます。

心配することはありません。見返りがなかったとしても、生きていけますから。

もちろん、「愛されたい」とはだれもが思うことですが、人の気持ちをコントロールすることはできません。相手の態度に一喜一憂していては、自分だけでなく、相手も傷つけることになってしまうでしょう。

相手の気持ちがどうかよりも「私が好きでやっているから」「喜んでほしいから」と

いう気持ちのほうを大切にしようではありませんか。

そんな気持ちになれることだけでも幸せであり、誇れることなのです。

与えることを喜んでやっている人は、好意ややさしさが伝わり、「気持ちのいい人」「損得なく動いてくれる人」「器の大きな人」などと信頼されて、どこかで、なにかしらの恩恵はあるものです。なくても、「喜んでもらえてよかった」という満足感だけで、じゅうぶんお返しをもらっているのです。


さて、「愛されるために、人を喜ばせる」という習慣を重ねている人は、意外に自覚がないもの。それを「喜んでもらうだけでいい」という習慣にしていくためには、最初は**「これって、お返しがなくても大丈夫?」**と、自分の胸に手を当てて聞いてみるといいでしょう。

やりすぎないことも大事です。自己犠牲を払ってまでやってしまうと、「私はこんなにしてあげたのに」と恨みがましくなってきます。「してあげている」と思うくらいなら、やらないほうがいい。あくまでも「やりたくてやっている」という範囲に留めましょう。

おすすめは、最初は「5分でできる親切」を積極的にすること。友人が知りたがっていた情報を教える。同僚の仕事を手伝う。見知らぬ人の重たい荷物を運ぶなどなど。実際にやってみると、気持ちがよく、「お礼なんていいから」と太っ腹な気分になるもの。だんだん時間と手間がかかることも、喜んでできるようになっていきます。とくに相手が信念をもってやっていることには、喜んで力になりたいと思います。

数十年前、上京してお金も仕事もなかったときに、週に何度も家に招いて料理を振舞ってくれた人、何年も家をタダで貸してくれた人、仕事のチャンスをくれた人など、「お礼なんていらないから」と、応援してくれる人たちがいました。

「いつか私も、与えられる側から、与える側になりたい」と思っていたのは、そんな人たちが愛情に満ちていて、大人として格好よかったから。

「喜んで与えられる人」は、自尊心をもち、生き生きと輝いているのです。

喜んでもらえて嬉しいのは、自分の命が役立つと実感できるからです

31 自分から心を開けば自信になる

「なにげない会話」「好意的なストローク」の習慣

自信がない人というのは、「人からどう思われるか」ばかりを気にして、虚勢を張ったり、自慢話をしたり、取り繕《つくろ》ったり、緊張したりして、自分が自分でいられません。

自分を誇示する人は、自信があるのではなく、相手は自分を認めてくれないのではないか、舐《な》められるのではないかと恐れているから。

「それは違うよ」なんて指摘されると、自分を否定されたようで、ものすごく傷つくし、自分と価値観や意見の違う相手には、敵対心をもって攻撃します。

「認められたい」という承認欲求はだれしもあるものですが、それに執着して暴走してしまうのも、やはり「認められない自分は価値がない」と思ってしまうからです。

昨今は、職場でも地域でも承認欲求が満たされないからか、高圧的な態度をとったり、SNSでマウントをとったり、激しいコメントをしたりする人も多く見受けられます。

こんなふうに、つねに人に警戒心や敵意を抱いていて、心を開かない人との会話は、なにかを要求されているようで、たいへん疲れるものです。

一方、自分も人も信頼できる人は、心を開いて、自然体で〝コミュニケーション〟をとろうとします。

「認めてくれ」ではなく、「仲良くしようよ」という会話なので、互いに気がラク。

そこには警戒心や敵意はなく、「それは違うよ」と指摘されても、「知らなかった。言ってくれてありがとう」と素直になるし、価値観が違っても「へー、そう考えるんだ。自分とは違うけど、面白いね」と、それはそれでリスペクトを示します。

いまの自分に対して確固たる自信があるわけではなくても、**「人は人、自分は自分。私はこれがいいのだ」と〝自分軸〟と〝納得感〟のある人は、人からどう思われようとも、さほど気にならないものです。**

不思議なもので、そんな人と接すると、ものすごく肩の力が抜けて、ありのままの自分でいられる。自然と相手に興味をもったり、共感したり、面白がったり……とコミュニケーションを楽しめるのです。

コミュニケーションといっても、長い時間をかけて、深い会話をしなければいけない、というわけではありません。

海外や日本の田舎で、バスや飲食店などで近くに座ると、「あら、こんにちは。素敵なTシャツね」なんて気軽に話しかけることがあります。二言三言、話すだけで**「私は怪しいものではないので、よろしく」**と相手の警戒心を解いて、互いにリラックスできるからです。ずっと無言のままでは、緊張して居心地がよくありません。

同僚や近所の人、ジムで会う人とも、エレベーターや庭先で立ち話をしたり、食事や休憩のときに世間話や近況を話したり……と、なにげない会話の習慣をもつと、互いにラクになるはずです。

信頼関係の基本は、心を開くこと。つまり、〝自己開示〟から。

「最近、ホットヨガにハマっているんですけど、先輩は運動とかされていますか？」なんて聞いてみるといいでしょう。好きなこと、興味のあること、趣味や学んでいることなど、相手のことを知るほど、会話も楽しくなってきます。

そして、コミュニケーションをさらに楽しくするために、好意的な〝ストローク〟を増やしていきましょう。ストロークとは、人に対してなんらかの働きかけをすること。ちょっと気分が和らぐ小さなことでいいのです。

たとえば、笑顔で挨拶をする。相手の変化に気づいてほめる。疲れていたら気遣う。ちょっとしたことに「ありがとう」を言うなど、小さなストロークを積み重ねていくことで、好感度や親近感が高まり、信頼関係の土台になります。

「なにげない会話」「好意的なストローク」の習慣をもつと、いつの間にか、相手に対する警戒心はなくなって、自然体で接することができるようになっているはず。

人は「ありのままの自分」でつき合えたとき、自分に自信をもちます。

そう。人を信頼することは、自分を信頼することでもあるのです。

信頼関係の基本は、「認めてもらうこと」より「知ってもらうこと」

32 あたりまえのことをすれば自信になる

干渉、依存、無関心。どれもギクシャクのもとになる

人間関係は、サービス精神が旺盛で、いつも人を楽しませるとか、ものすごく人から好かれるとかでなくてもいいのです。

それよりも、相手に不快な思いをさせないことのほうが、ずっと大事。抽象的な表現ですが、プラスでなくても、マイナスをつくらなければいいのです。

ちょっとした不用意な発言が、相手を不快にして、わだかまりを残してしまう。「なんか嫌な感じ……」という空気から、さまざまなことがギクシャクしてきます。その結果、「人間関係って難しい」「私ってダメだな」と、自信をなくしていくのです。

そんなに難しいことではありません。まずは「自分がしてほしくないことは、しない」ということを心がけるだけでじゅうぶん。

あなたが相手からされて、嫌なことはなんですか？

たとえば、無視する。嫌味を言う。わざと傷つく言い方をする。嫌そうなリアクションをする。注意ではなく、人格否定をする。上から目線でマウントをとる。人によって態度が違う。ハッキリ言わずに拗《す》ねる。イライラして当たる。約束を守らない。メールを何日も放置する。コソコソ陰口を言う。自分の都合ばかり押しつける。仲間はずれにする……。

さすがに、そんな「人としてどうか」という行為は、**普通はしないと思っても、恐れや不安、嫌悪感などネガティブな〝感情〟があったり、距離が近すぎて「これくらいは許されるだろう」という〝慣れ〟があったりすると、ついやってしまいがち**です。

人間関係は、あたりまえのことを、あたりまえにすればいいだけ。それができないから失望されるのです。売り言葉に買い言葉で余計なことを言ってしまいそうなとき、嫌な感情が態度に出そうなときは、いったん収まってから対応するといいでしょう。

「自分がしてほしくないことはしない」というのは、〝礼儀〟の本質。礼儀とは人と人が気持ちよく接するために、当然、守るべきとされる暗黙のルール。「礼儀なんて堅苦しい」となおざりにされがちですが、信頼できるかどうかも礼儀が重要なポイントです。

たとえば、家族であっても、「行ってきます」「おかえりなさい」と、ちゃんと挨拶ができるか。なにかしてもらったときに、ちゃんとお礼が言えるか。相手に迷惑をかけたときに、ちゃんと謝れるか……。

「おはよう」「ありがとう」「ごめんなさい」をちゃんと言える人は、相手を尊重しようとする気持ちが感じられて、安心できるのです。「親しき仲にも礼儀あり」といいますが、親しき仲にこそ、礼儀あり。近しい関係になると、慣れに甘んじてしまって、礼儀が欠けていることすらわからなくなる危険性があります。

夫婦円満の女性に、そのヒケツを聞くと、こんな答えが返ってきました。

「夫の趣味や、やりたいことをけっして否定しないことね。それから、なにか気になることがあっても、スマホやパソコンをのぞかない。だって、自分もされたくないから。どんなに仲が良くても、礼儀として踏み込んではいけない領域があるのよ」

相手を尊重して、適度な距離感を保つからこそ、仲良くしていられるのでしょう。

干渉、依存、無関心。どれもギクシャクのもとになります。ほとんどのトラブルは、コミュニケーション不足によって起こるもの。そうならないためにも、近寄りすぎず、遠くなりすぎず、できるだけ心地よい状態にしておく必要があるのです。

また、ベテラン女性編集者に、「普段、仕事で心がけていることは?」と聞くと、「待ち合わせには早めに着くことと、メールは早めに返すことですね」と意外に普通の回答でした。しかし、〝早めに〟が彼女なりの人を大切にする礼儀で、くり返すことで、言葉遣いや気配りなど、ほかの礼儀もできていく。そんな丁寧な態度に接した人は、「この人なら信頼できる」と思うのです。

同僚、近所の人、サークル仲間、馴染みの店で会う人などどんな相手にも、「『おはよう』『ありがとう』『ごめんなさい』だけはしっかり言う」「自分がしてほしくないことはしない」という礼儀を心がけてみませんか。

自分なりの礼儀の〝型〟をもつことで、自然と人を大切にするようになり、心地よい人間関係ができていくのです。

礼儀をわきまえた人は、老いも若きもすべての人に溶け込めます

33 「人を許すこと」を覚えると自信になる

「いい・悪い」の白黒思考の癖は、自分で自分を傷つける

男性管理職二人が、こんな愚痴《ぐち》を言っていました。

「部下たちが、忙しいときに平然と、育休とか有休を取るのが許せない。自分たちの時代は、まわりに迷惑がかかるから、休むこともできなかったよ」

「それは時代錯誤というもの。部下を休ませてあげるのが上司の仕事だろう。休むのはいいよ。でも、オレは、出勤しているのに、仕事をしないヤツが許せないんだよ」

思わず、笑ってしまいました。人それぞれ許せないポイントが違うこと。そして、〝マイルールとして禁止していること〟をやっている人を、人は許せないのだと。

日々、許せない部下と接しているとストレスが重くのしかかり、愚痴も言いたくなるでしょうが、同時に部下たちも、そんな不満をもっている上司と接するのは、ストレスがたまるはずです。

ここで「許せない」という感情について、少し考えてみましょう。

自分のまわりに許せない人がいると、摩擦や障害を感じることが多く、人を信頼できなかったり、自信もなくなったりします。

まず、あなたにお伝えしておきたいのは、「許す・許さない」の〝ジャッジ〟は、自分で決めているということです。

もし、あなたのなかに恨みや憎しみ、嫌悪感など負の感情が残って、その〝毒〟が心と体を蝕《むしば》んでいるなら、相手に向けた毒矢が自分自身に突き刺さっているようなもの。脅《おど》かすようですが、長年、許せない気持ちをもち続けると、心と体の健康に甚大なマイナスの影響を与えてしまいます。しまいには、眉間《みけん》や口元にシワが刻まれて、人相も変わってくるほどです。

自分をその苦しみから解放してあげたいと思うなら、おすすめしたいのは、「〝ジャッジ〟しない」という考え方です。

私たちは「許す・許さない」「いい・悪い」「敵・味方」「好き・嫌い」と二択でジャ

ッジする〝白黒思考〟の癖があるものです。

たとえば、自分の理想や価値観に合った上司や部下であれば、「いい上司、いい部下」だけれど、少しでも違う部分があると「ダメな上司、ダメな部下」になってしまう。「いい人」と判断すると全幅の信頼を寄せるけれど、「嫌な人」とジャッジすると、「裏切られた」「信用できない」「つき合いたくない」などと敵意をもつ……。人は〝自分の世界のルール〟で、他人をジャッジしています。

そんなふうにジャッジする癖があると、つねに「〜するべき」「〜でなければ」「〜してはならない」というルールを他人にも自分にも押しつけてしまい、毎日がストレスフルなものになるでしょう。

私は「許せない」と思うとき、「ジャッジしない」と、自分に言い聞かせるようにしてきました。たとえば、ズルいことをする人がいたとき、私の世界では、そんなことは「ありえないルール」だけれど、その人の世界では、「ありえるルール」なのでしょう。

すべては〝グレー〟であり、その人が「いい人か、悪い人か」はジャッジする必要は

ありません。どんな人であっても、いろいろな面をもっているので、決めなくてもいいのです。ズルをしていると、信頼を失って、いずれ困るのは、その人自身です。

「過《あやま》つは人の性《さが》、許すは神の心」ということわざがあります。人間はだれでも過ちを犯しやすいものであり、それを許すのは神であるということ。人間同士で「いい・悪い」とジャッジするものではないのかもしれません。

ただし、「夫が家事をしないのが許せない」「同僚が時間を守らないのが許せない」「近所の人の騒音が許せない」など、解決すべきテーマは別問題。

「ありえない」と許せないことを、「あるかもね」と言い換えてみると、気がラクになり、現実的な対処ができるようになります。「どうしてそうなのか?」ではなく、「どうしたら解決できるのか?」と自分で解決していく経験が、自信にもなっていきます。

「ジャッジしないこと」「自分で解決すること」で心の毒を浄化してください。

人を許せるようになると、自分も許せるようになります

34 相手への対応を変えれば自信になる

自分が悪意をもたなければ悪いことにはならない

私が人間関係にいくらか自信があるのは、多くの人と接して場数《ばかず》を踏んできたこともありますが、たったひとつのことを心がけてきたからです。

それは、人を嫌いにならないこと。

これさえ気をつけていれば、そんなに面倒なことにはなりません。

人間関係でトラブルが多かったり、深刻に悩んだりする人は、相手に対して嫌悪感や敵意があるから、つい態度に出てしまう。相手もそれに反応するのです。

人間関係というのは、基本的に〝自分ひとり〟の問題です。

相手のことは、こちらがコントロールできる問題ではありません。

「自分がどう感じて、どう考えて、どう対応するか」に尽きます。それによって、相手になにかしらの影響を与えて、人間関係はできていきます。

「でも、意地悪な人がいて困っている」「本当に嫌いなんだからしょうがない」とツッコミたくなるかもしれませんが、難しい問題ではないのです。

●相手の感情・行動↓相手の責任

●自分の感情・行動↓自分の責任

これさえ押さえておけばＯＫ。「自分が責任をもつべき物事」と「相手が責任をもつべき物事」をきちんと区別することが大事です。自分と他人の意識的な境界線を〝バウンダリー〟と呼びますが、バウンダリーが曖昧《あいまい》な人は、相手のイライラや、未熟な言動まで、自分のこととしてとらえてしまうのです。

私は相手がぶつけてきた言葉のなかに敵意やイライラを感じたら、「あら、そうですか？」なんて流して、受け取り拒否します。**もしかしたら相手がイライラしているのは、家庭がうまくいっていないのかもしれないし、忙しくて心の余裕がないのかもしれません。が、こちらの知ったことではありません。**

「私、なにか悪いことした？　嫌われている？」なんて心配する必要もありません。相手の感情は、相手に責任があるのですから。

同じように自分の感情は、自分だけに責任があります。

「自分と他人は別の考え方や価値観がある」とバウンダリーをはっきりさせておけば、価値観の違う相手にイライラしたり、「なんで○○してくれないのか?」と過剰な期待を押しつけてガッカリしたりすることもありません。

「なるほどね。そうきましたか」と、コントロールできないこととして受け止め、「じゃあ、どうしましょう」と作戦を練ります。別なアプローチをしたり、さっさとあきらめたりして、自分だけで解決して進めるのです。

大事なのは、「あの人はそういう面もある」として大げさにとらえず、嫌いにならないことです。相手への嫌悪感が毒になって、自分を苦しめるのですから。

そのために、日頃からひとつだけでもいい点を探して、リスペクトと感謝を示しておきましょう。「話題が豊富ですよね」とほめたり、「先日はありがとうございました」とお礼を伝えたりと、好きにならなくても、普通の対応はできるでしょう。

相手の態度があまりにもひどいときは「なにかありました?」と聞いてみること。大抵のことは、悪意のないコミュニケーションで解決できるのです。

とにかく、自分の心のモヤモヤを晴らすのは、自分の責任。それがどうしてもできない相手なら、物理的な距離、精神的な距離をとったほうが身のためでしょう。

人間関係の摩擦のほとんどは「自分の考え方、対応の仕方」を変えることで解決できます。**相手がだれであっても、「なかなかいい対応ができた」と自分が好きになれる、大人の対応**をしようではありませんか。

苦手な人にも自分から挨拶ができたとき、相手の失言を「そのひと言はいらないですよ」と笑って済ませたとき、余計なお世話をされて「ありがとうございます。でも自分で考えてみますね」とさらりとかわしたときなど、「自信貯金」がチャリンと貯まります。そうして、一つひとつ〝成功体験〟が増えていきます。

怒りや恨みといった負の感情を手放せば、心が解放されて、よりやさしく、賢くなり、目の前の自分ごとに集中できるのです。

人は自分の感情も、自分の対応も、自分で選ぶことができるのです

35 「NO」をハッキリと言えば自信になる

正直でいられることが安心した関係になる

人の誘いや依頼に対して「断るのが苦手」という人は多いのではないでしょうか。

かつての私もそうでした。「飲み会を断ると、相手が気分を悪くするんじゃないか」「仕事を断ったら、もう頼んでくれなくなるのでは」と心配で断れない。「悩むくらいなら、引き受けてしまおう」と応じて、無理をすることがしばしばありました。

単純に、自己主張をする習慣がなかったこともあります。当時は、嫌われないようにとビクビクしていたので、人とうまくつき合える自信もありませんでした。

そんな私が、「NO」をハッキリと言えるようになったのは、「これでは相手のことを嫌いになってしまう」と思ったからです。

無理して飲み会につき合ったり、仕事を引き受けたりしていると、だんだん相手のことが恨めしく思えてきます。友人や親戚、近所のつき合いでも、言いたいことが言えずに我慢していると、モヤモヤしたり、イラッとしたりすることが多くなります。

嫌われたくない、波風を立てたくないと相手に合わせているのに、結局、相手のことが嫌になって、人間関係がギクシャクしてしまうのです。

あるとき、仕事を断らないと自分がつぶれてしまうと感じて、恐る恐る「ごめんなさい、今回はできません……」と断ったことがありました。

「では、また今度」とあっさりした返事。**嫌われることも、仕事が途絶えることもありませんでした。**そして、さまざまな相手に対して「なんだ。断っていいのだ」という体験を何度かくり返して、だんだん断ることに抵抗がなくなってきました。

いまは親しい友人からの誘いも、半分以上は「ごめん。今回は行けない」と断り、友人たちも「じゃあ、また今度」となる。こちらが誘うときも、相手の意思や都合を優先してもらいます。互いに正直だと気を使わず、誘ったり断ったりしやすいのです。

そんなふうに無理をしない関係は安心感があり、長く続いていきます。いえ、無理のない関係しか続かない、といっていいでしょう。

また、会議で意見を聞かれたときや、相手と違う意見だったときなど「自分の意見を言えない」という人も多いもの。「ランチのお店、どこがいい？」と聞かれただけなのに、気を使いすぎて「みなさんがいいところで……」となってしまう人もいます。

これでは、「自分の意見がない人」「なんでもいい人」と思われて、意見を聞かれなくなるかもしれません。意見を聞く立場であれば、たとえ反対意見でもちゃんと言ってもらい、一緒に考えてほしい、決定に参加してもらいたいと考えるものです。

自分の意見を表明する人は魅力的で、わかりやすくて、信頼されるのです。

これまで意見を言ってこなかった人が、意見を言うためには〝慣れ〟しかありません。つぎの【意見を言いやすくする3つのポイント】は私も実践してきたものです。

1 「意見を言えない」ではなく「意見を言わない」と考える

2 本音を隠さなければいけない場面か？と自問する

3 意見を言うときは、後出しジャンケン

「意見を言えない」と悩んでいる人のほとんどは、自分の意見をもっていて、意見を言っても大丈夫そうな〝相手〟と〝状況〟であれば、言いたいことを言える人たちです。

だから、「意見を言えない」と感じたときは、「意見を言わないことを選んだ」と考えてみるといいでしょう。同じ状況でも「言えない」ととらえるのと、主体性をもって「言わない」ととらえるのでは、精神的な負担がまったく違う。「言うこともできるが、ここは相手に委《ゆだ》ねるのだ」と納得できるので、自分も相手も責めることはありません。

そのうえで、「待てよ。本音を隠す場面か？　ざっくばらんに言ってもよくない？」などと前向きに考えてみるのです。「無理してまで言わなくてもいいか」となることもあるし、「意見を言ったほうが互いのため」となることもあります。決めるのは自由。

また意見の言い方も大事。慣れていないうちは、相手の話をちゃんと聞いてからの〝後出しジャンケン〟がおすすめ。こちらが聞けば、相手も聞いてくれる。反対意見のときは、「それもありますね。私はこう考えたのですが、どうでしょう？」と、相手の意見を肯定しつつ、それにつけ加えるスタイルが言いやすい。結果的に自分の意見を否定されたとしても、「自分の気持ちを伝えられた」ということでよしとしましょう。

自分を主張しないのは、自分の人生に責任をもたないことと同じです

36

「安心するつながり」が自信になる

頼ったり頼られたりで人間関係はできていく

自信は、人間関係に大きく関係しています。

人間関係が良好だと、自然に自信がもてるもの。家族間でケンカが絶えなかったり、職場の人間関係がギスギスしていたりすると、自信もシュンと小さくなります。

だれもが人間関係が良好でストレスがないことや認め合えること、助け合えることを無意識に求めているので、そうでない自分への信頼度は落ちてしまうのです。

ただ、職場の人間関係が最悪でも、気心の知れた友人とおしゃべりをしたり、趣味のサークルに参加したりして心が癒やされ、自信を回復する人もいます。

あるテレビ番組で、男性がネットゲームで知り合った男性と、ＬＩＮＥのやりとりを10年間しているという話がありました。

本名も顔も年齢も、プライベートなこともなにも知らない同士。「今日は金曜日。疲

れているけれど、がんばりましょう」などといった簡単なやりとりが、日課になってい
て、互いに「やめる理由がないから続けている」というのです。

浮気を疑っていた妻はその事実を知って安心したものの、反面、ちょっと悲しい気持ちになったとか。顔も知らない相手との交流が、心の拠《よ》り所になっているのは、妻としては複雑な気分だと思いますが、それで夫の心のバランスもとれているのでしょう。

人間関係で嫌なことがあったときや、恋愛で傷ついたりしたとき、居酒屋やスナックなどで見知らぬ人とおしゃべりすると、自尊心の落ち込みが少ないことが実験で証明されているとか。

SNSなどで知らない人とチャットするだけでも、同じような効果があるようです。

利害関係のない知らない相手だからこそ、ざっくばらんに世間話をしたり、気軽に心のうちを話したりして、意外に深い話をすることもあります。

「心を開いて話せる」「話を聞いてくれるだれかがいる」というだけで、気分は保たれ、自信も保たれるのです。

また、自分だけでは抱えきれない難しい問題や、悲しい出来事があったときに、話を聞いてくれる友人がいるのも救われるものです。「いい友人がいる」というのは、大きな自信。尊敬している友人ほど、そんな人とつながっている自分も誇らしいのです。

なにも言わずにただ話を聞いてくれる人、バカなことを言って笑い合える人、いつも見守ってくれる人、相談にのってくれる人、たまには厳しいことも言ってくれる人、困ったときに助けてくれる人など、人とのつながりは財産ともいえるでしょう。

大勢の人と表面的につながっているよりも、数は少なくても、いざというときに「話聞いてくれる?」と頼れる友人がいるほうが、心強いものです。

私は「料理のことは、あの人に聞こう」「税金や保険などは、彼が詳しい」「社会問題について語るのは……」と、日頃からなにかと友人たちを頼りにしています。自分には自信がないことでも、それをカバーしてくれるつながりがあることで自信になるわけです。尊敬できる友人がいるのは、本当に幸せ。

気軽に頼ると、大抵は快く応じてくれます。もちろん、こちらも相手の力になりたい。人は相手のために役立ったことで、喜びや好意を感じる生き物。頼ったり頼られたり、感謝したり感謝されたりで、きずなは強くなっていくのです。

人と親しくなりたい、友だちが欲しいというときは、とにかく心を開いて、コミュニーションを楽しむこと。自分の話をして、相手の話も興味をもって聞く。一緒になにかをする。共感する。そんななかから、いろいろな関係性に発展していくものです。

趣味のサークルや、近所の心地よい仲間など、なにかのグループにいるのも心強い。受け入れてもらえている安心感があり、役割が生まれて居場所ができていきます。

さまざまな接点から、つながりができたり、広がったり深まったりしていきます。

便利になった現代では、人と積極的に関わらなくても社会生活は営めますが、やはり人は一人では生きられない。生かしてくれるのも、成長させてくれるのも、助けてくれるのも人。人を大切にする人は、自然に自信も育っていくのです。

だれかとのおしゃべりは、自尊心を保つ有効な方法です

37 違うタイプの人と接すると自信になる

「井の中の蛙《かわず》」の怖がりのままではもったいない

友人のなかで「この人は感性が豊かで、生き生きとしている」と感じるのは、大抵、幅広い年齢層と交流のある人です。

彼らは仕事や趣味、学び、遊び、ボランティアなど、さまざまな活動を通して、人とつながっている。相手が年上でも年下でも自分のほうから「それ面白いですね。もっと教えてください」などと興味とリスペクトを示して、フランクにつき合います。

世代を超えて仲良くできるというのは、それだけの魅力と柔軟性が必要。**自分の枠を広げていくような好奇心と、コミュニケーションがないと成り立たないのです。**

ある70代後半の男性は、ビジネスを語るのも、遊びに行くのも、20代から40代の人たち。年下から「あんな格好いい人になりたい」と尊敬されているので、自然に人が集まってくる。魅力があって感性が豊かだから、人に囲まれることもありますが、若者たちに囲まれているから、しゃんとしていて感性も豊かになるのでしょう。

「自信貯金」も、人間関係のなかで喜びや楽しさを味わうことで、チャリン、チャリンと貯まっていきます。


交際範囲は広ければいいというわけではありませんが、偏見をもたずに心を開いて、いろいろな人と接すると、受け入れてもらえたという自信がついてきます。

「世代が違う人は話が合わないから」「あの人は、私なんかと話をしてくれないだろう」などと壁をつくっている人は、これまで話が噛み合わなかったり、拒否されたりする体験があって、脅威に晒《さら》されてきたのかもしれません。

歳を重ねるほど、過去の栄光を語ってマウントをとったり、文句やクレームばかり言ったりしている人は、相手に寄り添うことも、人を信頼することもできず、どんどん頑《かたく》なになっていきます。

「年齢とともに、人づき合いが億劫になってきた」「もう人と知り合わなくてもいい」という人もいますが、歳を重ねるほど、「いままでと違った人とつき合ってみるのも楽しい」と感じるような機会をもつことが必要だと感じます。

刺激があってこそ、人は進化していくのです。**最初から仲良くしようと思わず、〝異質なもの〟を面白がって慣れていく感覚が大事。**すると、異質と感じていた相手のなかに、好きなものが同じだったり、考え方が似ていたり、ものすごく共感できることがあったりと、〝同質なもの〟を発見できることがあります。

〝異質なもの〟と〝同質なもの〟、どちらの刺激も見つけることで、相手を受け入れやすくなっていく。「どんな条件や性質の人か」はそれほど関係なく、「一緒にいて楽しい」と思えば、無理なく続いていくでしょう。

もちろん、「やっぱり合わない」という相手もいますが、そんな経験があってこそ人を見る目は養われ、自分の世界を広げることになります。

私は20年ほど前、横須賀の薬局で「買いたい薬があるので、手伝って」と声をかけられたザンビア出身の女性に「ほかになにか手伝えることがあったら連絡してください」と電話番号のメモを渡して以来、20年以上交流が続いています。

一度しか会ったことがなく、言葉も不自由なのに、SNSを通して互いの人生を見守ったり、ときどき「どうしてる?」「誕生日おめでとう」とメッセージをやりとりしたり。互いになにも手伝えることがないのに、なんとなく続いているのは、単純に、異国の相手との一回一回の交流が楽しく、刺激的なものだからでしょう。「最近、息子が反抗期で困ったものよ」なんて普通の会話も、「世界中どこでも、反抗期はあるんだなあ」と妙に新鮮だったりします。

そんな細く長いつき合いが、なにかしらの自信をつくり、外国人と交流するハードルが低くなっていったと思うのです。

自信とは〝慣れ〟。みんなと仲良くする必要はありませんが、これまで自分の世界にいなかった人と接する機会をもつことは、知らず知らずのうちに大きな自信になっていることは間違いありません。

縁のある人とは、また話したくなるので、自然と続いていきます

38 変化を受け入れれば自信になる

いまの環境、いまの人間関係は自分に相応《ふさわ》しいもの？

定年を迎えた人たちから、こんな声を聞くことがあります。

「会社の人間関係がこれほどあっさりなくなるとは思わなかった。仕事帰りに部下とよく飲みに行っていたのに、みんな仕事だからつき合っていたのかとガッカリしたよ」

「組織の権力や立場があるときは人が寄ってくるけど、なにもなくなったら、さーっと離れていく。これでお金がなくなったら、子どもや孫も寄りつかなくなるだろうね」

表面は自虐的に笑っていても、内心は傷ついているのかもしれません。会社や立場、お金に魅力があって、自分そのものには魅力がない〝ただの人〟なのだと。

しかし、**「自分は何者でもない〝ただの人〟」として生きていくのが、いちばん誇り高い生き方ではないでしょうか。**

状況が移り変わっていくのは、自然なこと。その自然の流れに逆らい、過去にしがみつくから、ストレスを生み、自信をなくしていくのです。

「人間関係は移り変わっていく」という事実を受け入れて、そのときそのとき、目の前の生活に専念したり、楽しんだりしていれば、自信は奪われないでしょう。

また、同僚、夫婦、恋人、友人など、慣れにあぐらをかいて、どちらかが大切にしない関係があったとしたら、積極的に変化する時期なのかもしれません。


よく考えてみると、何十年とつき合い続けている人は、それほど多くはありません。人生のなかでなんらかの接点をもつ人は3万人という有名な説もあります。学校や仕事など近しい関係になるのは3000人、親しい会話ができる関係が300人、友だちといえる関係が30人、親友と呼べる関係は3人なのだとか。だれが言い出したのか定かではありませんが、当たらずとも遠からずの絶妙な数字ではあります。

「せっかくのご縁を大事にしなければ」などといっても、ほとんどの人は、一瞬で通り過ぎてしまう関係。離れていく人がいるのは、自分に魅力がないのではなく、役割を終えただけのことなのです。

私は仕事や住まいをめまぐるしく変えてきました。

「心地よい場所だからこそ、離れる」ということをしなければ、自分の枠を壊して、つぎのステージに進むことはできなかった。慣れ親しんだ人たちと離れるのは、つらいし、寂しい。身が引き裂かれるような思いをすることもあります。けれども、あたたかい環境も、じっとしていると、ぬるま湯になり、だんだん居心地悪くなってくる。自分の目的のためには「この場所に居続けてはいけない」と動き出す時期がやってくるのです。

「自分のまわりの5人を平均すると自分になる」という〝つるみの法則〟があります。人は収入、学歴、価値観、仕事、趣味など似たような性質の人とつるむ傾向があるので、まわりにいる人を見ると、自分のレベルや趣向がわかるということですが、こちらの5人も、当たらずとも遠からずの納得感。

とくに、なにを大事にして生きているのか。お金や権力、社会的地位、自己実現、家族の幸せ、穏やかな生活など、どの方向を見ているかで、人間関係は大きく変わります。

「成長や幸せのために、人間関係を変えていこう」と言っているのではありません。

「生きていれば、人間関係は自然に変わっていく」のです。

また、環境を変えることでも、人は大きく進化します。環境を変えるのは、職場や住む場所だけとはかぎりません。学びの場や週末の趣味サークル、図書館、ジムなど行く場所を変える。本やSNS、動画、アプリなど見るもの、触れるものを変える。新しいことに挑戦するなども環境を変えることです。

人生とは、ひとり旅をしているようなもの。「どんな場所に行きたいのか」、とりあえずの目的地を決めて、マイペースで歩いていけば、必要な人が絶妙なタイミングで現れる。一緒に協力したり、楽しんだりして「じゃあ、またどこかで！」と、それぞれの道を行く……。離れていく人を嘆くよりも、いままで一緒にいてくれたことに感謝して、笑って手を振りたいものです。

ひとり旅には、出逢いも別れもあります

第5章

自信は「つけるもの」ではなく「育っていくもの」

人生をすばらしいものに
するために、
自分を信じてみよう

39

自信があってもなくても、まずは一歩を踏み出してみよう

先がわからないから怖い？　それとも面白い？

こんな人生になるとは思ってもいませんでした。

20年以上前にフォトジャーナリストになろうと、お金も仕事も住む場所もないままで上京した私は、家を転々とし、アルバイトをあれこれし、取材の旅をしているうちに、ひょんなことから、働く人を応援する本を書くようになりました。

予想外の展開は続きます。台湾の大学院に留学したこと。大学で教えるようになったこと。内閣官房の委員に選ばれたこと。全国各地で講演をしたこと。翻訳本も合わせて100冊以上の著作が生まれたこと……。20年前は、まったく想像もしていなかった、びっくりするような現実がつぎつぎに起こりました。

「まさか、こんなことになるなんて」と不思議でならない。全部成り行き任せのようだけれど、よく考えてみると、「私が書いているものを喜んでくれる人がいて、毎日、せ

っせと文章を書いている」といういまの現実は、子どものころ、好きでやっていたことなのです。

「いろんなことに挑戦して、勇気がありますね」とよく言われますが、とんでもない。もともとは臆病者で、それほど自信があるわけでもありません。

でも、「自信はないけど、やってみる」という行動の一つひとつが、「自信貯金」をチャリン、チャリンと貯めることになり、本当に行きたかった場所にたどり着いたのだと確信しているのです。

私がつねに考えてきたことは、「自分ですべてコントロールすることはできない」ということでした。頭のなかで考えたことを行動に移してみると、思いもよらない展開があります。思った以上にうまくいくこともあれば、問題に直面することもあります。

方向性ややり方を微調整することや、ときには前向きにあきらめること、人に助けてもらうこと、教訓を得ること、アイデアが生まれること、新しい自分の側面を発見することなど、まるで〝化学変化〟のように予測できないことが起こります。

つまり、さほど自信がない状態で、「全部思い通りになる」とは思っていなかったからこそ、「予測できないこと」への覚悟ができて、それに対応する自信が育っていったわけです。本当の自信とは、「思い通りになにかを得ること」への自信ではなく、「思い通りでなくても、なんとかなる」という根拠のない自信。〝自分〟だけの世界ではなく、予測できない他者、現実世界と折り合うことで、自信が育っていくのです。

これまで「この人はすごい」と尊敬する多くの人たちを取材してきました。

彼らの思考を観察してみると、**「考えてから動く」タイプではなく、「動きながら考える」タイプ**であることがわかります。

たとえば「そうだ、〇〇さんを紹介するよ」と、人と人を引き合わせて、〝化学変化〟を楽しむ。うまくいったら幸運で、そうでなくてもいいと織り込み済み。仕事も「ニーズが変わってきたから別なことをしよう」「いま、このチャンスに乗ろう」「病気のときは、焦らずに休もう」と、そのときどきの流れに柔軟に対応していくのです。

〝動くことで起きる変化〟を、面白がってポジティブなものとしてとらえているからこそ、「いま、できることをやる」を積み重ねていけるのでしょう。

一方、頭であれこれ考えるだけで動かない人は、ものごとを思い通りにしたいと思っているのかもしれません。でも、動かないままでは**現実と向き合う機会、自分の殻を破る機会、自信を育てる機会を失ってしまいます。**結果として得られる喜びや感動体験にも出逢えず、不安も増していくはずです。

簡単な「いま、できること」から始めましょう。

「いま、目の前の人に声をかける」「仕事を10分やってみる」「ちょっとだけ新しい体験をする」「小さな挑戦をする」「ささやかな親切をする」……。とくに少しの勇気が必要だと感じる場面は、私たちが自信を得るためにとても重要な役割を果たしてくれます。

そんなふうに「やれること」をやっているうちに、「やりたいこと」は生まれてくるもの。「人生って先がわからないから面白い」と思えたら、万々歳。自分の人生に期待し、信じることにつながっていくのです。

「いま、できること」をやって、思いがけない成り行きを楽しみましょう

40 自信がなくて怖がりだから、うまくいく方法を学べる

「大胆かつ慎重」な臆病者の戦略

自信がなくても、「とりあえず、やってみよう」と、私が動いてきたことは、先に書いた通りですが、けっして〝怖いもの知らず〟だったわけではありません。

むしろ、臆病者で怖がり、心配性。だからこそ、うまくいく方法を学んできたのです。

たとえば、人に声をかけるのは、勇気がいります。拒絶されるのが怖いから、自分が声をかけやすい方法、相手がすんなりと応じてくれる方法を見つけてきました。

講演をするのも、勇気がいります。失敗するのも、失望されるのも嫌。いつも最悪のことを考えながら、どうやったらそこに陥らずに済むか考えます。だから、スピーチ原稿をちゃんと書き、安心できるまで、何度も何度も読む練習をします。

ところが、講演の当日、スピーチ原稿を忘れてしまったことがありました。

そのときは、「話す内容は全部頭に入っている。あれだけ練習してきた。それなりに場数も踏んできたのだから、原稿がなくても、話せないわけがない。自信をもって！」と自分に言い聞かせたら、いつも以上にうまく話すことができました。

何百、何千と場数を踏み、スピーチに慣れた人は、なんの恐れもないのでしょうが、**心配性の私は、できるだけの準備をしなければ気が済まない。自分の力を過信しないから、自分を信用できるところまで引き上げようとしてきたのかもしれません。**

ただ、慎重な面がある反面、ある部分では、大胆なところがあるのも事実なのです。たとえば、「行ったことのない国で1カ月、暮らしてみる」なんて大胆な挑戦をイメージしてワクワクする。もちろん、「盗難に遭ったら」「お金が引き出せなくなったら」「病気になったら」などリスクに対応する備えはして、大まかな予定は決めるけれど、行ってしまえば成り行き任せ。現地で出逢った人と意気投合して、思わぬ展開が生まれたり、ふと思い立って別な国に行ったりすることもあるのです。

これらは、ビビりながらもある程度、場数を踏んできたからこそ出てくる大胆さで、その結果「なんとかなる」と思えるのです。

「楽観的に構想し、悲観的に計画し、楽観的に実行する」

これは、自分を「臆病者」と認めていた、京セラ創業者の稲盛和夫氏の言葉で、慎重な部分と、大胆な部分をうまく言い得ています。

イメージするのも、実行するのも、ポジティブさが必要ですが、うまくいくように計画を立てるには、なにが起こるかわからないため、ネガティブなことも想定したり、察知したりして、冷静に判断する必要があるのです。

稲盛氏は、社員を登用するときにも「ビビり屋で怖がりがいい」と考えていたとか。

本当の勇気というのは、粗野で豪傑と言われる人のもっている勇気ではなく、自らの信念を貫きながらも、節度があって怖さを知った人、つまりビビりな面をもった人が場数を踏むことによって身につけた勇気でなければならないと。

たしかに、怖いもの知らずで、突き進んでいく人や、勝ち気なことを言っている人は勇気があるように見えますが、その力が伴っているかはわかりません。

でも、〝場数〟というのは、嘘をつかない。場数に裏打ちされた自信は本物なのです。

だからこそ、とにかく動くことで「自信貯金」をコツコツと貯める必要があるわけです。

「これはどうしてもやり遂げたい」と思うことがあるなら、イメージは大胆に、プランニングは丁寧に、やるときは迷わず、思い切りやるのが「臆病者の戦略」です。

最初の計画のまま推し進めればいいわけではありません。当然、想定外のこともあるので、やっている途中で問題が発生したら、「じゃあ、どうする？」と計画を柔軟に変更していきましょう。立て直す方法はいくらでもあります。

不安や恐れの感情に取り込まれない唯一の方法は、その感情を「じゃあ、どうする？」とリアルな対策に変えて前に進むことなのです。

恐れないようにするのではなく、ちゃんと恐れることが自信を育てていくのです。

どんな仕事も、大胆と慎重の両極端を併せもつことが必須です

41 イメージを描けるなら、叶える力がある

〝欲しいもの〟を明確にすると、無意識は全力で応援してくれる

「具体的にイメージできる夢は、そうなる可能性があること」だと思っています。

幼い子どもであれば、空想と現実の世界がごちゃ混ぜなので、アニメのキャラクターにだってなれると信じることができます。しかし、大人になると、現実をある程度は理解して、自分ができること、できないことを心の奥でちゃんとわかっています。

だから、非現実的な夢なら、本気で叶えようとはしません。つまり「どうしてもこれは叶えたい」と想像してワクワクする夢は、実現可能なことなのです。

私が人生のなかで、いちばん途方もない夢に挑戦をして、それが叶うのだと実感したのは、デビュー作を書いたときでした。

やっと本を書くチャンスを手に入れて、私はなぜかこう考えました。

「デビュー作をどうしてもベストセラーにしたい。そうしなければ、2冊目の声はかか

らず、本を書き続けることは難しくなるだろう」

人生でいちばんの勝負どころ。編集者も「ベストセラーなんて、私が長年、やってきてできなかったのに、できるはずがない」と言い切る、身の程知らずの夢でした。

しかし、可能性はゼロではない。私は「そうなる」と信じてみることにしたのです。私を支えてくれたのは、「生きづらさ、働きづらさを感じているすべての人の応援団になりたい。それを実感してきた私にしか書けないことがあるはずだ」という信念と、具体的なイメージを描くことでした。

当時、寝ても覚めても、というほどくり返し思い浮かべていたのは、横浜駅の地下街の書店のベストセラーコーナーの光景。私の本が平積みされていて、仕事帰りのやや疲れた女性が、私の本を貪《むさぼ》るように熱心に立ち読みしている姿が、まるで映画のワンシーンのようにハッキリ鮮明に浮かんでいたのです。

私の毎日の生活、毎日の行動は、そのワンシーンに向かって動き始め、そして、半年後、その光景は現実のものとなりました。感動のあまり、実際に立ち読みをしていた女性に、背後から「ありがとう」と声をかけたくなったほどです。

おそらく私が「一生に一冊、本が書ければ幸せ」とか「1回増刷がかかればじゅうぶん」という身の丈に合った夢を描いていたら、執筆への熱量も、考え方や書き方も、生活スタイルもずいぶん違ったものになっていたと思うのです。

私は「大それた夢に挑戦するからには、なにかを捨てるしかない」と考えて、デビュー作を書いている間は一日寝食以外の時間はほぼすべて、執筆に充《あ》てました。

「この夢が叶うのなら、ほかのものはなにもいらない」と真剣に取り組んだので、自分だけの力ではなく、運のようなものが味方をしてくれたと思うのです。

大人になると「いまさら夢なんて……」と目の前のことに追われて暮らしがちですが、**大人だからこそ、「自分はなにが欲しいのか」「どんな自分でありたいのか」、しっかりとわかっておく必要があるのです。**

それは、自分の無意識のナビゲーションシステムに、行き先をインプットするようなもの。日頃なにを見て、なにを選択するのかが、まったく変わってきます。

大それた夢がいいわけではありません。「このまま穏やかに暮らしたい」「一日一日を楽しく生きられれば満足」という思いも、立派な〝夢〟でしょう。

くり返しますが、大事なのは「いま、自分はなにが欲しいのか」を知っていることと、その意義について目を向けることです。

ときどき「本当のところ、どうしたいの？」と胸に手を当てて聞いてみるといいでしょう。

寝る前に問いかけると、朝起きたときに、ひょっこり「そうだ！　○○をしよう」と答えが出ることもあります。

情熱がもてること、自然に動き出したくなること、だれかが喜んでくれることなら、飛び込む価値は大いにあります。

人生は意外にシンプル。なにが欲しいのか、答えはすべて自分のなかにあり、それを叶える力もすべて自分のなかに備わっているのです。

情熱がすべて。情熱のないことなら、しないほうがいいのです

42 夢中で生きていれば、自然に自信はついてくる

人を魅力的に輝かせる、夢中という状態

夢をもつための目的は、成功することではなく、夢中で生きることにあります。プロセスにおける小さな一歩、小さな達成感が大きな意味をもち、充実感、満足感、幸福感を味わうことになるからです。

イメージすることの重要性について、もう少し、お伝えしましょう。

前項で書いた通り、「これが欲しい」「これを実現したい」というイメージをもつと、無意識のナビゲーションシステムは、自分が重要だと考えている情報だけをキャッチする仕組みになっています。

たとえば、「トレンチコートが欲しい」と思っていると、街中にトレンチコートを着ている人があふれます。実際は急増したわけではなく、そこに目が行くようになるのです。

また「友人の誕生日に、ケーキを作りたい」と思った途端、近所にあるのにいままで視界に入ってこなかったキッチン用品の店を発見します。病院の待ち時間にふとめくった料理雑誌から、自分でも作ることができそうなケーキのレシピを見つけたり、お菓子作りが得意な同僚から教えてもらったりして、なんとか実現していきます。

つまり、目的を明確に設定すると、「努力しよう」「がんばろう」なんて思わなくても、情報や人をキャッチして、自然にゴールまで連れていってもらえるわけです。

反対に、**どんなに優秀なナビで能力があっても、目的地を設定しなければ、役に立ちません。**脳のシステムは、意識を向けたものに向かって進むことになっていますから。

イメージは、その人の道を切り開いてくれるものです。

霧の中に入り込んでしまうことがあっても、挫折しそうになっても、「どうしてもこれを叶えたい」というイメージを抱き続けているのなら、どこに向かうべきか、直感が働いてくれます。

私が台湾の大学院に留学しようと考えたのは、40歳を過ぎてからでした。

「日本社会の生きづらさ、働きづらさを外から学んでみたい」という気持ちもありましたが、最初に浮かんできたイメージは、講義の帰りに学友とわいわいおしゃべりをしながら小籠包《しょうろんぽう》を食べている光景。単純に「異国での学生生活を楽しんでみたい」という気持ちが強かったのです。

そして、なんとか留学したものの、執筆の依頼がつぎつぎに舞い込んできて、1カ月通っただけで留学は断念。しかし、どうしてもあきらめきれずに、数年後に台湾の別の県の大学院に入学したのでした。

しつこいほど「そうだ。学友と小籠包を食べるのだ」と思い続けていたら、最適なタイミングで、最適な教授と出逢い、最適な環境で学ぶことができたのです。

そして、ゼミの帰りに、学友と小籠包の有名店に寄り、おしゃべりを楽しむ日々はやってきました。

「夢は期限を設けたほうが叶いやすい」という人もいますが、期限はコントロールできないことが多いもの。ただ「いつか、そうなるのだ」とイメージして、コツコツ進んでいれば、霧の中を進んでいるようでも、**あるときパーッと道が開けて、絶妙なタイミン**

グで絶妙なアイデアが生まれたり、さまざまなサポートが起こったりするのです。

〝自信〟をもつことよりも〝目的〟をもつことが大事。目的をもって〝夢中〟で進んだことが、「自信貯金」を貯めることになり、自分への信頼になるのですから。

夢中という状態は、人をもっとも生き生きと、魅力的に輝かせます。

夢中であれば、無理をすることにはなりません。目的もなく、夢中になれないことが、いちばん無理をしている状態なのです。

80代、90代になっても元気でいる人たちは、なにかやり甲斐のあることを見つけて、せっせと毎日を生きている人たちです。子どもでも、自分の限界を超えようと、なにかに挑戦する姿は美しく、それが生きていく胆力になっていきます。

ときどき走っている足を止めて、なにがしたかったのか、どこへ行きたかったのか、思い出してみませんか。

大人は生きるために、夢を見るのです

43

「いま、ここに集中」しよう

仕事がつらいときに、やってほしいこと

どんな人でも「時間が経つのも忘れて」というような、心からなにかに没頭した経験があると思います。

そんな「いま、ここに集中」しているときは、心が〝無〟になって、余計な雑念がなく、生産性ももっとも高まっていて、自分の能力が最大限に発揮されます。

「今日はよくがんばった」「集中できて、仕事がかなり進んだ」「思いっきり遊んで、楽しかった！」など満足度が高く、自分についての感じ方もよくなり、「自信貯金」の「Ｆｅｅｌ（感じる）貯金」がチャリンと貯まります。

要するに、**集中できているときは、自信がすくすくと育っているとき**。

集中すれば、成果も出やすいので「Ｄｏ（する）貯金」も貯まりやすいものですが、成果はあまり関係ありません。「いま、ここに集中できている」という感覚だけで、自信においては立派な〝成功体験〟なのです。
反対に、未来の不安や、過去の後悔、イライラする相手のことなど雑念が浮かんで「心、ここにあらず」の状態では、当然ながら調子がよくない。「気が散って集中できなかった」「だらだらして仕事が進まなかった」など自分に対する感覚もよくなくて、さらに自信がなくなり、集中できなくなる……という悪循環です。

では、どうすれば「いま、ここに集中」できるのでしょう。
それは「大きな目的」と、できるだけ「小さな目標」をもつことです。
大きな目的に向かって進んでいても、一瞬一瞬は小さなことしかできません。
おすすめなのは、「この25分で○○をする」と、時間を区切って進めていくこと。
【いま、ここに集中する】コツは、つぎの3つです。

1 「今日、優先すること」を3つ決める
2 短く時間を区切って集中する
3 集中できる環境と、リラックスする時間をつくる

いちばん集中できない原因は、なにを優先するべきかが、わかっていないからです。たとえば、仕事であれば、優先することがわかっていないと、メールや、急な頼まれごとに振り回されて、夕方になって「今日は自分の仕事がぜんぜん終わっていない」という事態になってしまいます。

そうならないために、「今日、最低限やること」「午前中に終わらせること」など、優先することを3つに絞りましょう。

そして、「これから25分、この課題だけに集中する」など、時間を短く区切って、向き合うことです。25分集中して5分休憩する「ポモドーロ・テクニック」用のアプリや、キッチンタイマーで時間を計るのもおすすめ。最初は、集中しようとしても「あ、頼まれごとを忘れていた」「帰りに玉ねぎ買わなきゃ」などと雑念が浮かんでくると思います。そのときは、メモなどに書いて、頭から追い出し、また集中します。

これは、心を〝いま〟に向ける瞑想「マインドフルネス」と似ています。

「いい・悪い」「好き・嫌い」など善悪の評価をせずに、ただ目の前のことに集中して、いま、ここで起こっているものごとを感じるのです。

仕事や家事、雑用なども「やりたいかどうか」「好きかどうか」で判断せず、淡々とやることが大事。大きな目的のためには、面倒なこともあるものですが、それを避けていては、本当に行きたい場所にたどり着けません。

仕事がつらいときこそ、感情を意識せずに、3S「ひとつのことをする（Single）」「短い時間に区切る（Short）」「小さい目標に分ける（Small）」で合理的に、いまのこの瞬間に集中することが大事。ひとつ終わるごとに「はい、完了！」と、達成感を味わいましょう。

最後に、集中できる環境と、リラックスする時間は必須。集中すると、思った以上にエネルギーを消耗します。仕事に25分集中したら5分休憩する、昼休みに仮眠をとる、週末の一日はなにも予定を入れないなど、心と体を解放する時間をつくってください。

「今日も一日がんばった」と、日々の小さな自信をコツコツと積み重ねていきましょう。

ひとつのこと、短い時間、小さな目標に向かうほど、〝いま〟に集中できます

44 それでも〃野望〃があるほうが、人生は面白い

「成し遂げたい」という〃野望〃はパワフル

「いま、やれること」をやっていれば、「やりたいこと」は見えてくるというお話をしてきました。

しかし、あなたに〃野望〃という無謀にも思える欲望がわいてきたら、その気持ちを、大事に大事に育てていってほしいのです。

なぜなら、野望をもったほうが、人生は断然、楽しいですから。

世界を旅するなかで、びっくりするような野望をもち、それを叶えてきた人たちに出逢いました。最初はまわりから馬鹿にされるような野望でも、その無謀に立ち向かう姿に人は惹かれて、次第に応援したくなる。そして、遠くにあった野望も、だんだん射程に入り、いつの間にか現実のものとなるのです。

友人夫婦は4人の子育てをするために、理想の環境を求めて、日本の田舎暮らし、サモア暮らし、アメリカ暮らしと、移り住んでいきました。子どもたちも世界ブランドのデザイナー、音楽家、画家、経済アナリストとそれぞれの才能を発揮しています。

父親が子どもたちに常々言っていた教えは、

「自分の枠をつくるな。これくらいの能力だから、これくらいのことならできるというように小さく縮こまるな。びっくりするくらい大きな野望でも、こうなったら最高と思うことに突き進め。能力はあとからついてくるんだ」

つまり、現実の能力から、できる範囲の目標をもつのではなく、**無謀なビジョンが能力を引き上げてくれるということです。**毎日やっていることは、地味な作業や学びであっても、「いつかこうなったら最高」と最大限に妄想をふくらませることで、前に進む〝エンジン〟になってくれるのです。

私も、いつもワクワクする身の程知らずの野望をもつ癖があります。

最近は、お遊び程度に卓球の練習をやっただけで、「もしかしたら、マスターズとかって出られるんじゃない？　世界の舞台で試合ができるなんて最高！」と、1年後に台湾で開催される世界大会にエントリーしてしまいました。

卓球は子どものころ、よく遊んでいたものの、部活動で本格的にやった経験もなく、試合のルールもちゃんとわかっていない。実力から考えると、「地域の卓球教室に入る」「初めての試合に出場する」などといった目標が順当でしょう。

しかしながら、「世界大会」のほうが俄然、やる気になるわけです。

出るからには、ワンセットでも勝利できる程度になっておきたい。欲望に正直になると、自然に前に進んでいくもの。

そして、しみじみ思うのです。世界大会に参加することもきっと楽しいでしょうが、**あれこれ妄想をふくらませたり、下手ながらも練習したり、ほんの少し上達を感じたりするプロセスの一瞬一瞬が楽しいのだと。**

万が一、不測の事態で、世界大会に参加できなくなったとしても、1年間である程度は成長するはずなので、その周辺の大会には出られるようになっているかもしれません。

海外の友人のなかには、とても高尚な夢をもっている人もいます。

「生きているうちに日本の教育を少しでも変えたい」と活動をしている人、折り鶴を広めることで故郷の広島の原爆について伝える平和活動をしている人、世界を舞台に仏教音楽を歌い広めている人……。彼女たちはそれぞれ住んでいる国で、日本や世界に貢献する活動をしてきて、応援者が集まり、その実を結びつつあります。

社会の人びとにつねに慈愛の気持ちを向けているので、話し方や話の内容や顔つきまで成熟していて、まるで女神のように神々《こうごう》しく見えてしまうほど。

そのなかの一人がこう言ったことがありました。

「私たちがいなくなったつぎの世代に、少しでもいい社会を残したいじゃない？」

あっぱれ。時代まで超えたとてつもなく大きな野望は、人を強く、やさしくしてくれるのかもしれません。

人の健全な野望を見るのは清々しく、心から応援したくなります

45 自分の人生と行動に美学をもつ

「自分を好きになれる」考え方や行動が〝美学〟

私たちの自信をつくっているのは、目標を達成することや、習慣を続けることもありますが、根本的に「〝自分の美学〟をもっていること」が大きいのではないかと思います。

美学とは、美しさに関する独特の考え方で、「こんな人でありたい」「ぜったいにこんなことはしたくない」など、理想とするあり方、生き方ともいえるでしょう。

たとえば「どんな相手とも同じ目線で話す」「悪口や愚痴は言わない」など、自分が大切にしている独自の倫理観やマイルールを、自分の軸としてもっている人は、ブレないので信頼できるのです。

かつて、会社員だったころ、「時間がないから、できない」「バスが遅れたから遅刻した」などと言い訳ばかりしていた私とは対照的に、まったく言い訳をしない同僚がいました。難しいことも、「できない」と決めつけずに、やり方を工夫してなんとか実行する。謝るときも、「申し訳ありません」だけでなにかのせいにしない……。

「言い訳しないって、大人だね」とほめると、ひと言。

「言い訳するのって、かっこ悪くない？」

たしかに、そうだと納得すると同時に、そんな〝美学〟が人を強くすると感じたのです。

それから私も、「言い訳をしないこと」をマイルールにするようになったのですが、それだけで気分がいいもの。**なにかのせいにするのではなく、自分で責任を引き受けることで、手に負える問題になり、「自分次第でうまくいく」と思えてきたのです。**

ほかにも、人によってさまざまな美学があるものです。

いつもきちんと靴を磨いている。人にも自分にも嘘はつかない。感謝をきちんと伝える。汚い言葉や流行《はや》りの言葉を使わない。年配の人や妊婦さんには電車で席を譲る。イライラした言葉をぶつけない。店員さんにも丁寧に接する。トイレはきれいに掃除しておく。人と自分を比べない、人の幸せを喜ぶ……。

美学のある考え方や行動は、美しく、かっこいいものです。「正しいか、間違っているか」「損か、得か」「人が認めてくれるか」ではなく、そうすることで「自分を好きでいられる」のです。たとえば、イライラした場面で理性的にさらりと振る舞えると、誇らしい気分になり「よしよし、よくやった、私」と自分をほめたくなります。

私たちの思考は、つねに〝理想の自分〟と〝現実の自分〟を行ったり来たりしていて、それがぴったり一致したとき、自分を信頼できます。

そうやって無意識の「自信貯金」は、じつはつねに貯まり続けているのです。

反対に、自分の美学がない人は、その場その場で嘘をついたり、態度がコロコロ変わったり、権力に流されたりして、芯がしっかりしていないので、不安になることも多く、まわりからも信頼されないでしょう。

美学とは、キラキラした成功体験や、称賛されることである必要はありません。

むしろ、逆。うまくいかないときや、悲しみや孤独、絶望感のなかで、自分の課題にどう向き合うのか、どんな自分でありたいのか、という美学が問われます。どうしたらいいものかと悩んだり、選択に迷ったりするときほど、美学は私たちを支えてくれます。

また、「正論で追い詰めない」「人を見た目だけで判断しない」など、人生のなかで経験しながら見つけた美学は、説得力をもって、自分の武器となっていきます。

「こんな人は素敵だな」「あんな生き方はかっこいい」という人を見るのも、生き方の感性を研ぎ澄ませていく機会になるでしょう。

ただし、つらいにもかかわらず、「耐えること」「従順であること」など、時代錯誤の美学をもち続けている人もいます。違和感を覚えたら、思い込みを疑うことも必要です。

「こうありたい」という自分の美学をもち、行動していると、自然と自信がわいてくるはずです。自分の世界観をもつことで、心地よい場所や人間関係をつくることもできるはず。

「私はこれがいいのだ」という納得感があれば、後悔しない毎日、後悔しない人生を送れるのではないでしょうか。

自分の内側に美学をもっていると、外側に魅力があふれます

46 「自分はもっともっとすばらしい」と信じて振る舞おう

あなたの人生をよりよくできる人は、あなたしかいません

20代のころ、恋愛に自信がなかった私は、ある女性にこう嘆いたことがありました。

「私は美人でもないし、料理やスポーツなど得意なこともない。女性らしい気遣いもできない。だから、こんな私を選んでくれる人がいるとは思えないんです」

そのとき、彼女が言い放った言葉は、いまも忘れることができません。

「自分のことを好きでない人を、だれが好きになってくれるの？　あなたはもっと自信をもっていい。私はね、私とつき合える人はラッキーだと思ってる。だって私と一緒にいたらきっと楽しいはずだし、相手がやりたいことをサポートしてあげられるもの」

彼女は美人ではなくても、堂々とした華やかさがあり、男女関係なく人気があり、だれもが認める素敵な人と結婚していきました。

自分を信じていたからこそ、伸び伸びと積極的に行動できたのでしょう。

対して「私なんか……」と自信のない人は、驚くほど自己評価も低いので、好きな人が現れても「どうせムリ」と最初からあきらめて、近づくこともしません。自分が幸せになれない相手でも、「私を好きになってくれる人は、なかなかいないから」と、ずるずるとつき合ってしまうこともあります。

いい恋をしたい、愛されたいと思うなら、まずは自分で自分を好きになることが先決。すると、見た目や表情、話し方、人づき合いも変わってくるでしょう。

自分のことを好きでも嫌いでも、自分とは一生、つき合っていくしかありません。だったら、「自分が好き」と言ってしまったほうが、楽しいはずです。

仕事も同じで、自分を高く評価していれば、積極的な行動になって、目標達成や業績、まわりからの信頼などの結果にもつながっていきます。反対に、自信がない人の仕事は、気迫も粘りも感じられません。自分を信じられない人は、なにをするにも腰が引けて消極的になり、人生のさまざまなことがうまくいかなくなっていきます。

あえて乱暴な書き方をすると、「私たちが人生で得られるものは、自分を信じたぶんだけ」ではないかと思うのです。

「自分はもっともっとすばらしい人間なのだ」と信じてみませんか。

自分に〝ないもの〟よりも、まずは〝もっているもの〟に目を向けてみませんか。

そして、だれがなんといおうと、自分だけは自分の価値や可能性をとことん信じて、堂々と振る舞おうではありませんか。

自分を信じるのか、信じないのか、どちらを選ぶかは自由。「この仕事ができるのか」「人とうまくやっていけるのか」「恋愛ができるのか」「目的を叶えられるのか」など不安があるときは、自分を信じるほうを選んでいいのです。

あなたは、あなたがなれる最高の自分になれるのです。

自信をもつということは特別なことではなく、むしろ、とても自然なこと。自分の人生のハンドルを自分で握り、行きたいところに自由に行くことなのです。

本書の最後に、人生の道のりをご機嫌なものにするために、いちばん身につけてほしい大切な自信をお伝えします。

それは**「幸せを感じる力」**です。

私たちはどんなときでも、自由に幸せを感じることができます。

今年もお花見ができたこと。美味しい料理を作って食べたこと。いい音楽を聴いてご機嫌になれたこと。人にやさしくできたこと。やさしくされたこと。感謝を伝えられたこと。美しいものを美しいと思えたこと。思いっきり笑ったこと。いま、ここに生きていること……。幸せとは、なるものではなく、感じるもの。いまも身近にあって、私たちはいつでも「幸せだな」「感動する」「ありがたい」と目を向け、感じることができるはずです。

でも自信がなく、心に余裕のない状態だと、その感受性は鈍っていきます。

幸せを感じる習慣をもち、「私は私のことを幸せにできる」という自信と誇りがあれば、怖いものはありません。あとは自分の道を信じて歩いていくだけです。

あなたの人生の旅路が、鼻歌を口ずさむようにご機嫌なものとなりますように。

いちばん大きな自信は「これまで生きてこられたこと」です

〈著者略歴〉
有川真由美（ありかわ・まゆみ）
鹿児島県姶良《あいら》市出身。台湾国立高雄第一科技大学修士課程修了。作家・写真家。化粧品会社事務、塾講師、衣料品店店長、着物着付け講師、ブライダルコーディネーター、フリー情報誌編集者など、多くの転職経験を生かし、働く女性のアドバイザー的存在として書籍や雑誌などで執筆。
著書に、ベストセラーとなった『一緒にいると楽しい人、疲れる人』『なぜか話しかけたくなる人、ならない人』『どこへ行っても「顔見知り」ができる人、できない人』『まんがでわかる 感情の整理ができる人は、うまくいく』（以上、ＰＨＰ研究所）や、『いつも機嫌がいい人の小さな習慣』（毎日新聞出版）、『「気にしない」女はすべてうまくいく』（秀和システム）等がある。

やりたいことができる私になる自信貯金

2024年９月24日　第１版第１刷発行

著　　者　有　川　真　由　美
発 行 者　永　田　貴　之
発 行 所　株式会社ＰＨＰ研究所

東京本部　〒135-8137　江東区豊洲5-6-52
ビジネス・教養出版部　☎03-3520-9619（編集）
普及部　☎03-3520-9630（販売）
京都本部　〒601-8411　京都市南区西九条北ノ内町11

PHP INTERFACE　https://www.php.co.jp/

制作協力
組　　版　株式会社PHPエディターズ・グループ

印 刷 所
製 本 所　TOPPANクロレ株式会社

ISBN978-4-569-85771-8

PHPの本

どこへ行っても「顔見知り」ができる人、できない人

有川真由美 著

親しい人がどんどん増える、簡単でうまくいく魔法の習慣。内気な人なら、まずは「顔見知り」を作ることだけ、目標にすればいい！

PHPの本

孤独を楽しむ人、ダメになる人

有川真由美　著

孤独はさびしいというのは思い込み。最初は慣れなくても、じきに慣れます。楽しみが山ほどある「幸せな孤独」を紹介する本。

まんがでわかる 感情の整理ができる人は、うまくいく

有川真由美 文／Ｊａｍ まんが

人生がうまくいくか、いかないかは感情しだい。現実と感情の折り合いがついて、仕事も人間関係も好転する、とっておきの考え方！

PHPの本

一緒にいると楽しい人、疲れる人

有川真由美 著

「あの人といると楽しい」「また会いたい」と言われる人は、どんなことをしているの？　気持ちのいい人になるためのとっておきの知恵。